KB194359

슬라임 뱃살도 괜찮아

# 슬라임 뱃살도 괜찮아

1판 1쇄 발행  2025년 4월 30일

지은이          김다은

펴낸곳          책과이음
대표전화        0505-099-0411
팩스            0505-099-0826
이메일          bookconnector@naver.com
출판등록        2018년 1월 11일 제395-2018-000010호

홈페이지        https://bookconnector.modoo.at/
페이스북        /bookconnector
블로그          /bookconnector
유튜브          @bookconnector
인스타그램      @book_connector

ISBN 979-11-90365-78-9 03300

**책과이음 : 책과 사람을 잇습니다!**

# 슬 라 임 뱃 살 도 괜 찮 아

필라테스 강사 수달쌤이 알려주는
내 몸을 사랑하는 법

김다은 지음

책과이음

# 내 몸을 좋아할 용기

"아니, 내 몸을 좋아하는 데도 용기가 필요해?"

네. 적어도 대한민국에서 여성으로 살고 있다면, 그렇습니다.

저는 10년 차 필라테스 강사입니다. 강사로 일하면서 제가 가장 많이 보고 들었던 이야기는 "제 몸뚱이는 쓰레기예요" 혹은 "저는 저주받은 하체를 가졌어요"와 같은 보디 셰이밍Body Shaming과 관련된 푸념이었지요. 아무렇지도 않은 얼굴로 그런 말을 하는 대다수는 평균 이하의 체지방률을 가진, 지극히 정상이며 충분히 아름다운 여성들이었습니다. 도대체 어쩌다가 자기 몸에 대해 그렇게 부정적인 생각을 갖게 되었느냐고 물어보면 나오는 이야기 또한 대략 비슷했어요. 유명 연예인이나 SNS에서 본 어느 멋진 인플루언서와 너무 비교된다거나, 가족 혹은 친구로부터 "○○야, 기분 나쁘게 듣지 마~"로 시작하는 애정 넘치는 조언(?)을 접하다 보니 그렇다고 털어놓았지요.

의외로 주위의 가까운 지인이 가볍게 던진 무심한 한마디에 평생 씻을 수 없는 상처를 안고 사는 사람이 적지 않습니다. 여기서 흥미로운 사실은, 평소 자기관리에 철저한 부모일수록 가랑비에 옷 젖듯 자기 가족에게 지속적인 보디 셰이밍을 하는 경우가 많다는 점이었어요. 예를 들어 출산한 지 1년도 채 지나지 않은 딸에게 "너 언제까지 그렇게 푹 퍼져 있을 거니? 그러다가 남편 바람나면 어쩌려고. 얼른 살 빼야지!"라고 몰아세우는 식이지요.

차마 입이 다물어지지 않는 사연을 매일같이 듣다 보니, 어느 날부턴가 문득, 이건 잘못되어도 뭔가 단단히 잘못되었다는 느낌이 들었습니다. 비만이 아닌, 지극히 정상 체중인 여성 대부분이 자신을 과체중이라 여기며, 너무나도 쉽게, 마치 생활습관처럼 '자기 몸을 비하하는 생각과 말'을 하고 있다는 게 뭔가 이상하다고 느껴졌습니다. 심지어 제가 몸담고 있는 운동 업계에서는 그러한 보디 셰이밍을 아예 하나의 영업 전략으로 적극 활용하고 있는 형편이죠. "그렇죠, 회원님? 저주받은 엉밑살(엉덩이 밑 지방)을 오늘도 뿌셔드릴게요!"라면서 말이에요.

보디 셰이밍과 반대편에 있는 보디 포지티브Body Positive 는 우리 사회가 부여한 이상적인 미의 기준에서 벗어나 나를 보이는 그대로 사랑하자는 운동입니다. 서구권에서는 이 문제가 아주 오래전부터 사회적 이슈로 다뤄졌어요. 그들도 우리처럼 한때 마른 몸에 집착했고, 그로 인해 너무나 많은 부작용을 겪고, 여러 사회적 대가를 치렀죠. 사회적으로 마른 몸을 찬양하는 분위기가 무르익을수록 점점 더 많은 십 대 여학생이 섭식장애에 시달렸고, 자기 모습을 현실과 다르게 느끼는 신체이형장애Body Dysmorphic Disorder나 폭식증 같은 질환의 유병률 또한 높아졌습니다. 결국 그중에서도 거식증이 모든 정신질환 가운데 가장 높은 사망률을 나타내는 병적 증상이라는 충격적인 데이터까지 나왔고요.

남에게 보이는 모습에 강박적으로 집착하는 것. 서구권 사회는 어느 순간 이것이 사람들에게 유해한 현상이며, 바로잡아야 할 잘못이란 걸 깨닫고, 이제는 대중매체뿐 아니라 개인들도 말과 행동에 좀 더 신중해진 듯합니다.

아직 우리나라와 같은 아시아 문화권에서는 이러한 사회적 합의가 상대적으로 덜 이루어졌고요.

우리는 아침에 눈을 떠서 핸드폰을 켜면 채 1분도 되지 않아 "넌(네 몸은) 충분하지 않아"라는 메시지의 무차별 폭격을 받는 시대를 살고 있지요. SNS의 배너, 뉴스 피드 아래에 위치한 작은 광고판에서는 "더 예뻐지세요" "더 날씬해지세요"라고 쉴 새 없이 떠들어댑니다. 만약 인스타그램 앱을 켠다면 '내 몸이 부족하다'라는 열등감과 자괴감은 더욱 위세를 떨치며 부풀어 오를 테지요. '나는 충분하지 않아. 나는 부족해'라는 메시지는 우리의 무의식 깊숙이 자리 잡고, 건강기능식품이나 다이어트 관련 상품을 충동 구매하게 만듭니다. 불필요한 걸 사는 건 그나마 낫습니다. 더 나쁜 것은, 이 과정이 반복되면서 서서히 내 몸에 만족하지 못하는 잘못된 신념이 형성되고, 그 신념이 점점 더 단단하게 고정되어 오랜 시간 우리의 몸과 마음을 갉아먹는다는 사실이지요.

그러니 그냥 이대로 가만히 있으면 안 될 일입니다. 누군가 툭하고 건네는 "너 살 좀 빼야겠다"라는 무례한 말을 가만히 듣고만 있으면, 끈질기게 따라붙는 광고에 설득당해 매번 효소와 콜라겐이나 차전자피 따위의 상품을 결제해버리면, 매일 밤 잠들기 전 홀린 듯이 누군가의 SNS를 들여다보며 질투와 열등감에 사로잡힌 채 하루를 마무리한다면, 우리의 마음과 영혼은 서서히 시들어가고 마침내 병들 수밖에 없을 테니까요.

이제는 어플로 보정한 몸, 자랑하는 몸, 나올 데 나오고 들어갈 데 들어간 에스라인 몸이 아니라, 자연스러운 몸, 건강한 몸, 잘 기능하는 몸에 관심을 가질 때입니다. 원래의 인류는 어떤 몸을 가졌는지, 어떤 환경에서 어떻게 지냈는지 질문해보는 것도 꽤 흥미로울 겁니다. 세상이 달라지면서 우리 몸이 거기에 어떻게 적응해왔는지 이해하게 된다면 우리를 둘러싼 온갖 헛소리와 거짓 광고에서 자유로워질지도 모를 일이죠.

모두에게 단 한 번뿐인 소중한 삶입니다. 이 삶을 잘 살아가고 싶다면 인생이라는 여정 전체를 함께할 나의 몸, 나에게 이미 주어진 이 몸을 아끼고 사랑해주는 마음가짐이 가장 중요합니다. 다리가 좀 짧아도, 팔뚝이 좀 두꺼워도, 아이를 낳고 나서 뱃살이 좀 늘어져도, 우리가 자신의 몸에 만족하고 감사할 수 있다면 좋겠습니다. 이 몸으로 살아갈 수 있는 '지금 이 순간, 바로 여기'에 집중한다면 우리의 세상은 이전과는 다르게 보일 겁니다. '내 마음을 바꾸는 일'에는 세상을 변화시키는 것만큼이나 강하고 담대한 용기가 필요합니다. 이 책을 통해 그 일에 꼭 필요한 만큼의 용기를 얻어 갈 수 있기를 간절히 희망해봅니다.

# 차례

─── 3부 ───

## 내 삶을 함께할 고마운 나의 몸

1부

좋은 몸에 대한 몇 가지 질문

## 그때 그 천사들은
## 모두 어디로 갔을까

　화면 속 커다란 무대 위로 화려한 조명이 넘실거리고, 런웨이 끝에는 금발에 글래머인 모델 수십 명이 나비처럼 얇고 성긴 속옷을 걸친 채 감독의 큐 사인을 기다립니다. 한쪽에서는 그해 가장 큰 인기를 얻었던 가수가 약간은 들뜬 표정으로 공연을 준비하고 있네요. 감독의 큐 사인이 떨어지면 가수는 멋지게 노래를 시작하고 모델들은 또각또각 걸어 나와 관객 쪽을 향합니다. 어리고 아름다운 (거의 나체인) 여성들, 그 몸에 걸쳐진 잠자리 날개같이 얇은 속옷, 거기에 매달려 반짝이는 수천 수백 개의 보석, 신나는 비트의 최신 음악, 끊임없이 터지는 폭죽과 관객의 함성……. 2000년대 초반, 세계적인 인기를 끈 속옷 브랜드 빅토리아 시크릿(이하 '빅시')의 패션쇼는 정말 엄청난 행사였습니다. 지구 반대편의 유교 국가(?)인 대한민국에서까지 유명세를 떨쳤으니 말이죠.

바비 인형처럼 생긴 빅시의 모델들은 '엔젤'이라는 이름으로 불렸고, 언론과 대중은 빅시가 내놓는 브래지어나 팬티 같은 실제 제품보다는 엔젤들에게 훨씬 관심이 많았지요. 누구는 지금 유명한 운동선수와 사귀고 있고, 누구는 세계적인 재벌과 약혼했다더라 하는 기사가 연일 신문의 연예란을 가득 채웠고요. 엔젤들에게 공통적인 특징이 있다면, 모두 백인이고 금발이며 극도로 마른 몸에 가슴과 엉덩이만 굉장히 커다랗다는 점이었습니다.

당연한 일이었겠지만, 그녀들이 먹고 마시고 입고 걸치는 모든 것들은 쉽게 방송을 탔고, 화면에 나오기 무섭게 품절되었습니다. 마치 걸어다니는 광고판 같았어요. 일을 쉬는 날, 화장기 없는 얼굴로 운동을 하러 가는 엔젤의 사진 한 장에, 그녀가 입고 있던 룰루레몬 레깅스가 북미 지역 전체에서 품귀 현상을 빚는 식이었죠.

제가 오랜만에 빅시를 다시 떠올린 것은, 우연히 본 유튜브 쇼츠 영상 때문이었습니다. 어떤 가수가 차 안에서 어린 소녀에게 자신이 만든 노래를 불러주는데, 그 가사가 정말 걸작이었죠.

"있잖아. 내가 빅토리아 시크릿에 대해 좀 아는데. 넌 아마 믿기 어려울 거야. 그걸 만든 사람은 사실 오하이오에 사는 나이 많은 아저씨Old Man거든. 나 같은 여자애들의 열등감을 자극해서 돈을 버는 사람이지. 삐쩍 마르고 가슴만 큰 몸매를 보여주면서 말이야."

영상을 보는데 마치 뒤통수를 한 대 얻어맞은 것 같았습니다. 빅토리아 시크릿? 내가 아는 그 빅시? 화려한 무대, 아름다운 엔젤들, 섹시하고 반짝이는 속옷의 그 빅시? 믿기지 않았습니다. 빅시의 수장이라면 당연히 세련되고 아름다운, 우리들의 롤모델다운 여성일 거라고 생각해왔거든요. 몇 초에 불과한 짧은 쇼츠 영상이었기 때문에, 저는 몇 번이고 반복해서 재생 버튼을 눌러댔습니다.

불과 10여 년 전의 저는 분명 빅시의 팬이었습니다. 대한항공 승무원으로 일하던 시절, 뉴욕 비행이 나오기만을 기다렸다가 레이오버(현지에서 머무르는 기간) 마지막 날 마치 의식처럼 빅시 매장에 꼭 들르곤 했죠. 온통 섹시한 핫핑크 컬러로 물들인 매장은 언제나 펑키한 음악과 매혹적인 향기로 가득했습니다. 매장 안으로 들어서면 저도 모르게(마치 파블로프의 개처럼!) 머릿속으로 아름다운 엔젤들의 모습이 떠올랐고, 나도 이 속옷을 입으면 그녀들처럼 될 수 있을 것만 같은 기분에 쇼핑백 한가득 상품을 쓸어 담았더랬죠.

그런데 세련되고 아름다운 그 브랜드의 수장이, 오하이오에 사는 나이 많은 아저씨라고? 이게 대체 무슨 말도 안 되는 소리지? 저는 얼른 정신을 차리고 영상에 나온 노래와 가수에 대해 검색하기 시작했습니다. 곡명은 〈빅토리아 시크릿Victoria's Secret〉, 가수의 이름은 잭스Jax였습니다. 그녀는 1996년생 싱어송라이터로, 미국 유명 오디션 프로그램인 〈아메리칸 아이돌〉 시즌 14에서 상위권에 오르며 대중의 주목을 받았습니다. 그 후 그녀가 빌보드 차트 순위권에 처음으로 발을 디딜 수 있게 해준 곡이 바로 〈빅토리아 시크릿〉이었고, 마침 저의 유튜브 알고리즘이 그녀를 소개해준 것이었죠.

제가 쇼츠 영상을 통해 본 부분 외에도 주옥같은 가사는 더 있었습니다.

"내가 어릴 때 누가 말해줬다면 얼마나 좋았을까. 사람의 몸은 원래 모두 다르게 생겼다고 말이야. 마치 포토샵을 잔뜩 한 잡지 표지 모델이 내게 말하는 것 같았어. '너는 뚱땡이야overweight'라고.

누가 내게 말해줬다면 얼마나 좋았을까. 두꺼운 허벅지는 '아무 문제 없는 정상적인 인간의 허벅지'라는 사실을 말이야. 망할 놈의 압박감 때문에 나는 식욕을 잃고 말았지. (중략) 내가 빅토리아 시크릿에 대해 좀 아는데, 분명한 사실은, 그건 너와 나를 위해 만들어진 게 절대로 아니라는 거야."

빛나는 이십 대, 승무원 시절을 지나 결혼과 임신, 출산을 겪으면서, 사실 빅시는 조금씩 제 삶에서 멀어져갔습니다. 달리 표현하자면 '빅시가 어울리는 라이프스타일'로부터 제가 멀어졌죠. 화려한 뉴욕 매장에서 사들인 레이스 가득한 속옷들은 한동안 옷장 깊숙이 처박혀 있다가 쓰레기통에 버려졌습니다. 도대체 어떻게 이런 작은 속옷을 입었던 걸까? 버리면서도 혼자 기가 막혔습니다. 그리고 동시에, 앞으로는 결코 예전의 몸으로 돌아갈 수 없을 것 같은 기분이 들어 우울해지기도 했죠.

그렇게 점점 아줌마가 되어가던 시기, 하필이면(?) 우리나라에서 가장 유명했던 엔젤인 미란다 커Miranda Kerr도 임신과 출산을 경험하는 중이었습니다. 그런 와중에도 그녀는 엔젤로서의 명성에 걸맞은 전라의 만삭 사진으로 대중의 이목을 사로잡고 있었죠. 사진 속 미란다 커는 최고의 주가를 올리던 한창때의 모습 그대로였고, 그저 배만 귀엽게 볼록 나와 있었습니다. 팔다리는 여전히 가늘고 윤기가 흐르고, 얼굴의 생기나 머릿결도 그대로였습니다. 순진하기 짝이 없던 당시의 저는 그 사진을 '보이는 그대로' 믿었고, 혼자서 심한 충격에 휩싸였죠.

비슷한 시기에 만삭이었던 저는 목과 겨드랑이에 거뭇한 색소침착이 진행되었고, 배와 허벅지에는 튼살로 생겨난 흰색 줄이 얼룩말 무늬처럼 죽죽 그어져 있었습니다. 여기에 배꼽에서 아래로 검게 그어진 임신선까지 더해져, 저의 거대한 배는 마치 특대 사이즈 수박처럼 보였지요. 체중은 열 달 동안 20킬로그램 가까이 늘었고, 늘 잠을 설쳤기에 안색은 칙칙했으며, 머릿결은 빗자루처럼 푸석했습니다. 여러모로 저는 '인생에서 최고로 못생긴 날'을 매일 갱신하던 참이었습니다. 그래선지 처음으로 미란다 커의 만삭 사진을 봤을 때, 가슴속 깊은 곳에서 뜨거운 무언가가 울컥하고 목구멍까지 올라오는 것을 느꼈습니다. 나 혼자 한참 잘못된 방향으로 가고 있는 기분이었죠. 자괴감과 열등감이 파도처럼 밀려와서는 저를 마구 흔들어대고, 온몸을 이리저리 휘감아 치는 것 같았습니다.

그날 이후로도 불쌍한 만삭의 임산부는 줄곧 잠자리에서 핸드폰으로 그 만삭 사진을 들여다보곤 했습니다. 그해 여름은 유난히 무더웠고, 한밤중에도 매미 소리는 귀가 아프게 시끄러웠습니다. 제 속을 알 리 없는 남편은 옆에서 드르렁 코를 골고, 똑바로 누우면 숨 쉬는 것조차 버거운 저는 '나만 못생기고 뚱뚱한 임산부야' 하는 바보 같은 생각에 빠져 새벽까지 잠 못 이루곤 했습니다. 그때 누군가가 저에게 말해줬다면 얼마나 좋았을까요. "지금 너는 지극히 정상적인 임산부야. 지금 네 몸의 변화는 자연스럽고 건강한 거야. 엄마가 되어가는 네 자신을 자랑스럽게 생각해"라고요. 한 걸음 더 나아가, "다은아, 너는 그 사진 속에 얼마나 많은 협찬 제품과 후보정 기술이 들어가 있는지 상상도 못 할 거야"라고 말이에요.

그 후로 10년이 넘는 세월이 흘렀습니다. 빅시도 미란다 커도, 한때는 제가 44 사이즈 승무원이었다는 사실도 모두 잊을 만큼 바쁘게 살았습니다. 뱃속에 있던 아이는 어느덧 초등학교 고학년이 되었고, 저는 필라테스 강사라는 새로운 직업을 갖게 되었죠. 사람들의 건강을 회복시키는 일은, 상상했던 것보다 훨씬 더 신나고 매력적이었습니다.

경력이 쌓이고 수업에 대한 자신감이 붙자 회원들과 쉬는 시간에 스몰토크를 하는 일이 많아졌습니다. 그러던 어느 날 생각지도 못한 이야기를 들었습니다.

"아이 낳고는 아무리 노력해도 배가 들어가지 않아서 제 몸이 싫어져요."

"나이 들어 쭈글쭈글해진 엉덩이를 보면 저도 모르게 자괴감이 들어요."

"저 빼고 다른 엄마들은 모두 예쁘고 날씬한 것 같아서 스트레스 받아요."

젊고, 아름답고, 생기 넘치는 그녀들의 입에서 아무렇지도 않게 자기 비하의 메시지가 술술 흘러나올 때, 저는 몹시 당황스러웠습니다.

"출산 후에도 튼살 자국이 남아 있는데 그게 너무 징그러워요."

"팔뚝 살을 볼 때마다 화가 나서 잘라버리고 싶어요."

"아이 재우고 너무 힘들어서 야식을 찾는데, 다 먹고 나면 그런 제가 돼지같이 느껴져요."

그것은 슬프고도 가혹한, 자기 자신을 향한 비난과 혐오의 메시지였습니다.

시간이 흐를수록 저는 점점 더 궁금해졌습니다. 그녀들이 말하는 '이상적인 애엄마' 혹은 '뱃살이 하나도 없는 슬림 탄탄한 사십 대'라는 게 현실 세계에 있긴 한 걸까, 라고요. 만약 정말로 있다면, 그 유니콘 같은 존재는 어디에 사는 걸까요? 한번 만나서 비법을 물어보고 싶어졌습니다. 회원들은 이런 저의 호기심에 눈을 반짝이며 (대부분 처음 들어보는) 몇몇 이름을 이야기했어요. 누구인가 하면 십중팔구 '인플루언서'였죠.

인스타그램을 통해 알게 된 그녀들은 모두 좋은 아내, 좋은 엄마인데, 거기에 돈도 잘 벌고, 아가씨 때처럼 예쁘고 날씬했습니다. 분명히 같은 애엄마인데, '공복 눈바디' 사진을 보면 몸속 장기가 모두 어디로 간 걸까 싶을 정도로 배가 납작하고, 그래서 사진을 보고 또 보며 자꾸만 비교하게 된다고 했지요. 내가 좀 더 열심히 살면, 좀 더 부지런해지면, 혹은 좀 더 부유해지면 그녀처럼 될 수 있지 않을까 하는 생각을 매일같이 하면서요. 닮고 싶은 마음 때문에, 그녀들이 '공구(공동구매)'로 판매하는 디톡스 주스나 콜라겐, 효소 따위를 자꾸 주문하게 된다는 말도 뒤따랐습니다.

안타깝게도 한번 늘어난 복근의 힘줄은 절대 예전으

로 돌아갈 수 없습니다. 디톡스 주스든 효소든 콜라겐이든, 세상에 있는 어떤 좋은 것을 먹어도 임신 전의 몸으로 돌아갈 수 없지요. 만약에 누군가가 임신 전의 몸으로 돌아간 것처럼 보인다면 그건 어디까지나 '그렇게 보이는 것'일 뿐이랍니다. 거기에는 어떤 식으로든 인위적인 방법이 첨가되어 있을 겁니다. 그건 정밀한 사진 보정 기술일 수도 있고, 하루 수백 칼로리 정도의 극단적인 제한 식단일 수도 있죠. 그렇게 공을 들이는 데에는 언제나 그만한 이유가 있고, 우리가 살고 있는 자본주의 사회에서는 그것이 대부분 이윤(돈)이지요.

기억을 더듬어보면, 엔젤들의 파파라치 샷에서 보았던 옷과 가방의 로고들이 정말로 우연히 찍혔을까 싶습니다. 미란다 커의 만삭 사진 바로 옆 페이지에 있던 명품 화장품의 튼살 크림 광고처럼요. 우연치고는 너무 절묘했구나 싶어요.

거의 영양실조 상태로 보인다는 그 인플루언서는, 과연 자신이 공동구매로 판매 중인 효소를 먹어서 살이 빠진 걸까요? 콜라겐을 먹어서 피부가 주름 없이 탱탱한 걸까요? 글쎄요, 저는 이제 잘 모르겠습니다. 해부학과 생리학을 공부할수록, 운동을 가르치면 가르칠수록, 다이어트

산업의 엄청난 규모를 깨달을수록, 저의 의심은 점점 더 커져만 가는 것 같아요.

안타깝게도 빅시가 품질 좋은 속옷을 생산하는 것보단 남성들의 성적 판타지와 여성들의 열등감을 자극하는 데 주력하고 있었다는 의심은 사실로 밝혀졌습니다. 2019년, 전직 엔젤 백여 명이 빅시 측에 '성희롱 중단을 위한 행동 강령'을 공개적으로 요구하고 나서면서 그간의 추악한 민낯이 만천하에 드러났지요. '오하이오의 올드맨'이었던 경영진은 엔젤 지망생인 소녀들을 성추행해온 혐의로 경찰 조사를 받았고, 그중 일부가 감옥에 보내졌습니다. 빅시는 이미지 추락을 막기 위해 황급히 고위급 간부를 모두 교체하고, 흑인 모델과 플러스 사이즈 모델을 기용하는 등 변화를 꾀했지만, 대중의 마음을 돌리지 못해 여전히 부진을 면치 못하는 중이지요.

화려한 무대로 화제의 중심에 오르던 빅토리아 시크릿 패션쇼는 무려 23년의 영광을 뒤로하고 2019년을 기점으로 역사 속으로 사라졌습니다. 세상에 부러울 것 없어 보이던 엔젤들도 매체에서 자취를 감춘 지 오래죠. 이제는 모두 사십 대와 오십 대가 되었을 그녀들이 아직도 바비 인형처럼 아름다울지 문득 궁금해집니다. (2024년 말, 빅시는 한동안 중단했던 패션쇼를 새롭게 개최하며 이미지 쇄신을 위해 노력했습니다. 플러스 사이즈 모델은 물론, 다양한 나이와 인종, 성별의 모델들을 기용하는 초강수를 두었죠. 이 같은 노력에도 불구하고 매출 부진은 여전해서, 빅시의 급격한 마케팅 변화가 오히려 소비자들의 혼란을 초래했다는 업계의 진단이 이어지고 있는 실정이에요. 앞으로 빅시는 보디 포지티브 정신을 내세워 다시 재기에 성공할 수 있을까요?)

# 체성분 분석기는 얼마나 정확할까

과학科學이라는 단어의 첫 글자인 과科는, 벼 화禾와 말 두斗 자로 이루어져 있습니다. 쌀을 말(자루가 달린 계량 용기)로 퍼내는 학문이라는 뜻이죠. 두 손을 모아 퍼내거나 눈대중으로 대충 쏟아부으면, 그건 이미 과학이 아닌 셈입니다. 어떤 것이 됐든 과학으로 인정받으려면 '한결같은 측정 도구'가 필수죠. 정밀함을 위해서라면, 고봉으로 올라온 부분마저도 반듯하게 깎아내야만 합니다. 측정하는 사람의 인심이나 그날의 기분 같은 것이 결과치에 반영되어서는 안 되죠. 만약 날씨에 따라 측정 도구의 크기가 훅훅 달라진다고 가정해보면, 우리는 그 결과를 신뢰하기 어려울 겁니다. 같은 값을 넣었을 때 언제나 같은 결과가 나오는 것. 우리는 그런 것을 과학이라고 부르지요.

미신은 이와는 정확히 반대편에 있습니다. 신점이나 작명, 관상 같은 것들은 오로지 확률에만 의존하기 때문이죠. 여기에는 빈틈없는 논리나 정밀한 도구는 필요 없습니다. 엄청나게 많은 양의 누적 데이터를 바탕으로 평균값과 표준편차를 구해놓고, 이번에 새로 주어진 값이 이 중 어디쯤 속할지 추측하기만 하면 되지요.

그런데 이 방법에는 치명적인 단점이 있으니, 바로 때로는 맞고 때로는 틀릴 때가 있다는 점입니다. 그럼에도 불구하고 중요한 사실은 바로 '맞을 때가 있다'라는 것이겠지요. 지구에 사는 생명체 가운데 유일하게 눈에 보이지 않는 것을 믿는 우리네 사피엔스에게, 그래서 확률이란 마치 과학처럼 느껴질 때가 많습니다. "이건 과학이 아니잖아" 하고 확실하게 선을 긋기란 얼마나 어려운 일인지요!

승무원에서 필라테스 강사가 되었을 때, 저는 정말로 부푼 꿈을 안고 일을 시작했습니다. 흔들리는 기내가 아닌, 단단한 맨땅을 밟으면서 일할 수 있다니! 남들 잘 때 자고, 남들 깨어 있을 때 깨어 있을 수 있다니! 게다가 사람을 돕는 일이라니! 여러모로 감격스러웠습니다. 사람들에게 필라테스라는 운동을 제대로 가르쳐보겠다는 열망뿐이었죠. 그런데 막상 취직하고 보니 뜻밖에도 수업보다 중요한 것들이 더 많았습니다. 그룹 수업에는 늘 몇 명 이상의 최소 인원을 채워야만 했고, 계속해서 수강 인원이 적으면 폐강에 대한 협박 아닌 협박도 받았죠. 개인 레슨 회원을 재등록시키지 못하면 신규 회원을 배정해주지 않는 페널티를 받아야 했고요. 그러나 그 모든 것에 선행되는 중요한 의식이 있었으니, 바로 '인○○'로 대표되는 체성분 분석기 측정법을 익히는 것이었습니다.

이미 백여 년 전에 완성된 필라테스라는 운동과는 아무런 연관이 없어 보이는 기계였지만 "회원들이 원하니 반드시 측정 및 분석을 해드리세요"라는 상부의 지시가 있었지요. 당시 제가 취업한 회사에는 그중에서도 꽤 상위 모델에 속하는 체성분 분석기가 있었는데, 검사를 하면 예쁜 총천연색 결과지에 다양한 숫자가 빼곡히 인쇄되어 나왔습니다. 처음에는 그저 재미있게만 느껴졌어요. 발바닥과 엄지손가락에 금속을 갖다 대고 몇 분만 가만히 있으면 내 몸의 성분을 측정해서 숫자로 알려준다니, 너무나 신기하지 않나요?

저는 한 달에 한 번씩 꼬박꼬박 제 몸을 검사하며 숫자의 변화를 관찰하고 기록하기 시작했습니다. 결과지에는 많은 양의 정보가 담겨 있었으나, 운동 강사로서 가장 신경 쓰이는 부분은 역시 근육량과 체지방량이었죠. 강사 일을 시작했을 때 저는 이미 충분히 건강한 상태였지만, 결과지상에서 숫자로 분석된 제 몸은 '근육량을 더욱 늘리고 체지방량을 줄여야 하는 몸'이었거든요. 처음엔 그저 호기심에서 시작한 행동이었는데, 시간이 지날수록 점점 더 결과지의 숫자, 소수점 하나에까지 집착하게 되었어요. 그저 참고 삼아 보면 되었을 텐데, 제게는 그 기계가 마치 혈당기나 혈압계만큼 권위와 신뢰가 있다고 느껴졌죠.

당시 저는 더욱 높은 레벨의 필라테스 자격증을 추가로 취득하기 위해 매일 고강도 운동을 하고 있었고, 퇴근과 동시에 육아와 집안일도 온전히 저의 몫이었습니다. 시댁과 친정은 모두 아득히 멀었고, 유일한 동지인 남편은 해외 출장 중일 때가 많았습니다. 하루 종일 눈썹을 휘날리며 부지런히 움직여도 자정이 훌쩍 넘어서야 일과를 겨우 마무리할 수 있었죠. 아침에는 아이 어린이집 등원과 저의 출근 준비로 바빠 식빵 반쪽과 커피 한 잔에 감지덕지하는 처지였고, 점심으로는 공강 시간에 잠시 짬을 내어 샌드위치나 삼각김밥 따위로 허기를 달래는 정도였습니다. 그나마 공강이 없는 날은 종일 물만 마시면서 수업할 때도 많았고요. 제대로 된 끼니라고는, 오직 저녁 한 끼뿐이었죠. 물론 더 잘 챙겨 먹을 수도 있었지만, 체성분 검사 수치를 떠올리면 그럴 수가 없더라고요. 원하는 숫자까지 도달하려면 아직 멀었다는 생각에 물로 배를 불리며 허기를 달래는 날이 많았습니다.

지금 생각해보면 눈앞이 아찔해지는, 극기훈련이 따로 없는 지옥의 스케줄이었습니다. 당연히 저는 나날이 말라갔고, 어느 순간부터는 정상 범위를 한참 넘어선 영양실조 상태에 이른 것 같다고 느꼈습니다. 그렇게 제대로 먹지 못하고, 충분히 자지 못하고, 죽어라고 근력운동만 했더니, 놀랍게도 체성분 분석 결과는 거의 완벽에 가까운 수치로 바뀌어갔습니다. 근육량은 조금씩 늘었고, 체지방량은 무서우리만치 훅훅 줄어들었지요. 당시 저의 검사 결과지는 같이 일하던 강사들 사이에서 '완벽 그 자체'로 비쳤고, 보는 이들마다 칭찬을 아끼지 않았습니다. 그때마다 저는 마치 제가 '완벽한 강사'가 된 것처럼 느껴져 혼자 우쭐해지곤 했지요. '완벽 그 자체'인 결과지를 소중히 모셔 와 냉장고 문짝에 떡 붙여놓고 한동안 커다란 성취

감에 취해 있던 기억이 납니다.

당연하게도 그 우쭐함은 오래가지 못했습니다. 어느 날부턴가 한쪽 귀에서 "삐-" 하는 소리가 들리곤 했고, 자주 어지러웠습니다. 아무리 오래 굶어도 배고픔을 전혀 느끼지 못했고, 공복 시간이 길어져 위가 쓰라리면 어쩔 수 없이 뭔가를 대충 씹어 먹으며 '왜 배가 고프고 난리야. 정말 귀찮아'라고 투덜댔죠. 그러던 어느 늦은 밤, 아이와 함께 잠자리에 들 준비를 하던 찰나, 날카로운 가슴 통증과 함께 극심한 메스꺼움이 몰려왔습니다.

도저히 그대로 잠들기 어려웠습니다. 아직 어린 아이를 밤중에 혼자 둘 수 없어 졸려 하는 녀석을 둘러업고 야간 진료를 하는 병원으로 향했습니다. 의사는 통상적인 검사 몇 가지를 하더니 "큰 문제는 발견되지 않지만 지금 전체적으로 컨디션이 몹시 안 좋아 보이니 진통제와 안정제를 처방해드릴게요"라고 했습니다. 심전도 검사를 위해 간이 침대에 누워 새하얀 병실 천장을 하염없이 바라보고 있자니, 뭔가 잘못되고 있는 게 아닐까 하는 의구심이 들었습니다. 아니, 체성분 분석기는 이제야 나를 완벽한 몸이라고 말해주는데, 왜 정작 나 자신은 점점 더 피폐해지는 것만 같은지 이해할 수가 없었죠.

그 뒤 한참이 지나 55 사이즈 바지를 벨트 없이는 입을 수 없고, 점차 아동복 브랜드에서 파는 옷을 사 입을 수 있게 될 때쯤, 그동안 맹목적으로 믿어왔던 체성분 분석기의 측정 원리에 대해 한번 제대로 알아보고 싶은 마음이 생겼습니다. 처음에는 별생각 없이 포털 사이트에 검색을 해보았는데, 그때 제 기준에서는 매우 놀라운 사실을 발견했습니다.

일단 가장 유명한 체성분 분석기 회사라면, 지금으로부터 한 백 년은 넘은 유구한 역사를 가진 글로벌 기업일 거라고 상상해왔는데, 의외로 1990년대에 설립된 국내의 작은 의료기기 업체였습니다. 물론 당시의 기술 수준을 고려해보면 정말 괄목할 만한 기기를 발명해낸 것은 사실이에요. 여기서 사용한 체성분 분석 방식은, 몸에 미세한 전류를 흘려보내 세포 속 수분량을 측정하고, 그 결과를 통해 세포의 종류(근육세포/지방세포 등)를 예측하는 형태였고, 오직 나이와 성별, 키, 이 세 가지 조건만 가지고 평균과 표준편차를 구한 값으로 결과지상의 '정상 범위'를 표기하고 있었죠.

여기까지 알아보고 나자, 처음에 기기 사용법을 배울 때 들었던 의아한 말들이 떠올랐습니다. '꼭 하루 중 비슷한 시간에 측정하라'라거나 '되도록이면 공복에 측정하라', 그리고 '반드시 운동하기 전에 측정해야 한다'와 같은 말들이요. 우리 몸을 구성하고 있는 체성분이라는 건 밥을 먹기 전이나 후, 운동하기 전이나 후가 동일할 텐데 대체 왜 저런 이야기를 할까 궁금했었거든요. 기기의 측정 원리를 알고 나니 그때 들었던 말들의 진짜 의미가 비로소 이해되었습니다. 단지 세포의 수분 함유량으로 세포의 종류를 추측하는 방식이니, 체내 상황에 따라 결괏값이 다르게 나올 수 있다는 뜻이었던 겁니다. 또한 저는 키가 169센티미터로, 대한민국 여성으로 치면 1퍼센트가 안 되는 큰 키인데, 그만큼 저와 키가 비슷한 사람의 전체 수는 적을 테니, 그 적은 표본으로 만든 평균과 표준편차의 신뢰도에 의구심이 생겨날 수밖에 없었습니다. 당연히 인구 대다수를 차지하는 160센티미터 전후인 여성들의 결과와 차이가 있겠다는 생각이 들었죠.

　이러한 사실을 알고 나자, 그동안 결과지에 나오는 '정상' 범위에 내 몸을 맞추려 안달복달했던 날들이 파노라마처럼 머릿속을 샤샤샥 스쳐 지나갔습니다. 체지방률의 소수점 단위까지 집착했던 과거의 제 노력이 한없이 어리석게 느껴지는 순간이었죠. 이렇게 구체적으로 알아보지 않았다면 앞으로도 계속 내 몸과 일상을 그저 체성분 분석기의 결과지에 맞추려고 노력했을 거라 생각하니 눈앞이 아찔해졌습니다. 더는 그 작은 데이터와 적은 확률에 저를 끼워 맞추고 싶지 않았습니다.

그때부터 저는 그냥 잘 먹고, 잘 자고, 열심히 운동하는 데 집중하기 시작했습니다. 허벅지가 통통해지고 뱃살도 조금씩 생겨서 근무복이었던 레깅스 사이즈를 두 번쯤 바꾸어야 했지만, 신기하게도 이전에는 잘 되지 않던 상급 동작을 쉽게 할 수 있게 되었죠. 체력이 좋아지면서 육아도, 집안일도, 공부도 힘이 덜 들고 여간해서는 지치지도 않았습니다. 그러다 보니 웬만한 일에는 감정 동요도 크게 일어나지 않더라고요. 오랜만에 만난 지인들에게 차분해진 것 같다, 표정이 좋아졌다, 마음이 편안해 보인다는 이야기를 들었습니다.

그렇게 서서히 저는 체성분 분석기가 말하는 이상적인 몸에서 멀어져갔습니다. 가끔 검사를 해보면 체중을 더 줄여야 한다거나 근육량이 부족하다고 나왔지만, 신경 쓰지 않았습니다. 검사지에서 말하는 완벽한 상태일 때의 저보다 몇 배는 더 건강하고 탄력 있는 몸 상태였으니까요. 좀 더 시간이 흐르면서 저는 몸과 마음이 이전에 비해 훨씬 강해진 걸 느꼈고, 건강을 주제로 하는 '솔깃한 이야기'를 접할 때도 이전보다 훨씬 균형적이고 객관적인 시각을 유지할 수 있었지요.

그러나 안타깝게도 개인적인 경험으로 얻은 교훈과는 관계없이, 회사에서는 회원들에게 계속 체성분 분석을 권유해야 했어요. 집단 속에서는 제 신념보단 규율을 지키는 게 더 중요하니까요. 매번 결과지를 건네며 "이건 그냥 참고용으로만 보세요"라고 덧붙였습니다. 하지만 회원들은 종이에 적힌 숫자를 마치 혈액검사 결과처럼 신봉했죠. 마치 과거의 제가 그랬던 것처럼 말이에요.

그로부터 수년이 지나 제가 필라테스 센터를 차렸을 때, 당연하게도 제 마음속 장바구니에는 체성분 분석기가 없었습니다. 지인들은 입을 모아 "요즘 세상에 그거 없는 운동 센터가 어디 있냐. 웬만하면 구매해"라고 충고했습니다. 공간이 좁아서 못 사는 거라면 이렇게 저렇게 배치하는 방법도 있다며 진심으로 걱정해주는 사람까지 있었죠. 그때마다 적당히 둘러대며 넘어갔는데, 한번은 친하게 지내던 강사님이 사뭇 진지한 얼굴로 물었습니다. 그걸 안 사는 데 그만한 이유가 있을 것 같은데, 만났을 때 꼭 여쭤보고 싶었다고요. 그래서 강사님께 흔쾌히 제 생각을 털어놓았습니다.

"체성분을 분석하는 기계가 있다면 물론 구매하고 싶어요. 그 대신 아주 정확하고 정밀해야 해요. 일단 제 기준에선 성별과 나이, 키만 가지고 도출하는 평균이나 표준편차 값을 신뢰하기 어려워요. 인간은 물리적인 존재이지만 화학적인 존재이기도 하니까요. 같은 여성이라고 해도 에스트로겐 수치에 따라 근육량의 차이는 상당할 수 있어요. 언제 이차 성징이 시작되었는지, 혹은 언제 완경을 경험했는지 반영되어야 하죠. 물론 과거력도 중요해요. 외상과 질병의 경험을 배제한 채 그 사람의 몸을 분석한다는 건 어불성설인걸요.

자, 예를 들어볼게요. 눈앞에 똑같이 키 160센티미터인 서른 살 여성이 두 명 있다고 쳐요. 한 명은 미혼이고 온종일 앉아서 생활하는 직장인이에요. 부모님과 함께 살고, 출퇴근은 자차로 하고요. 살면서 크게 다친 적도, 병을 진단받은 적도 없어요. 운동하러 가는 것 말고는 크게 몸을 쓸 일도 없고요. 다른 한 명은 아이가 둘 있는 워킹맘이에요. 아이는 두 살과 세 살이고요. 직업은 사무직이지만 업무 특성상 외근이 많고, 하루에 만 보 정도 걷는 건 기본이라고 해보죠. 1년 전에 허리디스크 진단을 받았고, 약물

알레르기가 있어서 진통제도 거의 먹지 못해요.

　이 두 여성이 체성분 분석 검사를 해보았어요. 경험해 봐서 아시겠지만, 대부분 여성들의 결과는 똑같죠? 당연히 '체중을 줄이고, 근육량은 늘려야 한다'라고 나왔어요. 자, 이제 우리는 이것을 고객에게 어떻게 설명해야 할까요? 워킹맘 고객에게도 식단 조절과 체중 감량을 권해야 할까요? 그렇게 체성분 분석기 수치에 연연하다가 이명과 섭식장애를 얻은 회원들을, 선생님도 이미 수없이 보아오셨죠?"

　제 이야기가 길어질수록 듣고 있던 강사님의 얼굴은 점점 굳어졌습니다. 단 한 번도 깊이 생각해본 적 없던 문제여서 놀랐다면서요.

　체성분 분석기는 과학일까요? 쌀을 말로 퍼내는 과정이라고 할 수 있을까요? 인간의 몸이란 게, 겉으로는 비슷해 보이지만, 몇 가지 기준만으로 간단히 평가할 수 없는 대상인 것은 아닐까요? 만약 같은 쌀인 줄로만 알았던 게 보리나 콩이라면, 아니 감자나 고구마라면요? 그것도 아니라 꽃이나 나무라면요? 그만큼 서로 완전히 다른 것이라면요? 그래도 한 말 안에 다 들어가면, 전부 똑같은 한 말이라고 할 수 있을까요?

## 인간의 몸은 원래 대칭일까

　　과거 예능 방송에는 유난히 의사와 변호사 같은 전문직 종사자들이 패널로 출연하는 프로그램이 많았습니다. 주로 시댁과의 갈등이나 불륜 같은 자극적인 주제를 다뤘는데, 패널들은 너도나도 "나 때는 말이죠~" 혹은 "제 지인이 겪은 일인데~"로 말문을 열고 서로 목소리를 높여 떠들어댔죠. 본인이 직접 경험한 서너 개의 케이스만 가지고 무슨 상담을 한다는 것인지는 모르겠으나, 방청객들은 연신 손뼉을 치며 그들이 내놓는 의견에 감탄했는데, 사실 그 모습이 더 재미있기도 했습니다. 그렇게 시답잖은 이야기가 한참 오가고 나면 이윽고 진행자가 "지금부터는 건강과 관련된 코너를 진행하겠습니다"라며 새로운 게스트를 소개했습니다.

이때 자주 등장하는 사람들은 주로 건강식 전문가나 각종 테라피스트, 운동 강사 등이었습니다. 대부분 국가대표 선수 혹은 연예인을 관리하고 있다거나, 어느 대학의 교수라는 멋진 타이틀을 보유한 사람들이었지요. 운동 강사들은 보통 등장과 동시에 패널 중 한 명을 골라 매트에 눕혀놓고 동작 시연을 했는데, 선택된 이는 "왜 하필 나야?"라며 억울해하고, 그 과정마저도 희화화되었습니다. 진행자는 곧 놀라운 장면을 보여드릴 거라며 너스레를 떨고, 카메라는 갑자기 실험 대상(?)이 되어버린 출연자의 두려워하는 얼굴을 화면에 우스꽝스럽게 담아냈죠.

이제 게스트는 보란 듯이 능숙하게 출연자의 팔 혹은 다리에서 '비대칭'을 찾아냅니다. 마이크를 잡고 있는 진행자는 양쪽 팔다리의 길이 차이가 이만큼이나 난다고(고작 1~2센티미터일 뿐인데) 호들갑을 떨고, 게스트는 의기양양한 얼굴로 "제가 단 5분 만에 해결해드리겠습니다"라며 호언장담하죠. 비교적 단순해 보이는 근막 이완 마사지가 시작되고, 매트 위의 출연자는 비명을 내지릅니다. 5분은커녕 단 2~3분 만에 팔다리 길이가 완전히 똑같아지고,

모든 출연진의 환호 속에서 마치 코미디 단막극 같았던 '건강 코너'가 끝이 납니다(안타깝지만 길이가 같아졌던 팔다리는 출연자가 자기 자리로 들어가면서 다시 원래대로 돌아갔을 가능성이 매우 높습니다).

최근 들어서는 이렇게 황당무계한 장면을 방송에서 보는 일이 뜸해지긴 했지만, 아직도 저는 잊을 만하면 한 번씩 회원들로부터 "예전에 텔레비전에서 봤는데, 그게 정말로 가능한 거예요?"라는 질문을 받곤 합니다. 매체의 힘이란 게 정말 엄청난 것 같아요. 5분 만에 비대칭을 고쳐 냈다며 스스로 뿌듯해하던 그때 그 선생님들은 지금 어디에서 어떻게 지내고 있을지 문득 궁금해집니다. 지금은 그보다 더한 최신의 기술을 자랑하는 '마법사' 같은 존재가 되어 있진 않을까 하고요. 그게 아니면 본인의 영업장에 'OOO 원장 TV 전격 출연!'과 같은 광고물 하나를 걸기 위해 연출했던 얄팍한 거짓말을 반성하며 이제라도 자신의 경솔함을 후회하고 있을지도 모르겠습니다.

그런데 만약 그들이 아직도 운동 강사로 일하고 있거나 운동 센터를 운영하고 있다면, 그곳에는 눈금이 잔뜩 그려진 벽이 있을 가능성이 매우 큽니다. 누군가 등록 상담을 하러 오면 여지없이 그 벽 앞에 세워놓고 "눈 감고 제

자리걸음 열 번 걸으세요"를 외치고 있겠죠. 뒤이어 그렇게 가까스로 균형을 잡고 선 사람의 사진을 찍어놓고는, 어깨와 골반 여기저기에 가로세로로 선을 잔뜩 그어 비대칭을 찾아낼 겁니다. 그러고선 심각한 얼굴로 이런 비대칭이 '문제'라고 지적하면서, 당장 PT 등록을 해서 이 문제를 해결하지 않으면 계속되는 통증에 시달릴 거라고, 심지어 지금은 통증이 없어도 앞으로 반드시 생길 거라고 겁을 잔뜩 줄 거예요.

그들은 이걸 두고 '정적 자세 분석'이라고 부릅니다. 이런 방식은 업계에서 공공연하게 쓰이는 영업 기술 중 하나죠. 놀랍게도 이러한 '멀쩡한 사람 환자 만들기' 방식은 고객의 불안을 자극해서 회원비 결제까지 끌어내는 데 매우 효과적인 도구거든요. 제삼자 입장에서는 터무니없어 보이지만, 실제로 현장에서 이 방식을 마주했을 때 동공이 흔들리지 않는 사람은 극히 드뭅니다.

이미 예상하셨을지 모르겠지만, 이 방식과 쌍벽을 이루는 게 바로 '체성분 측정하기'입니다. 당신이 만약 '보통'의 여성이라면, 체성분 측정 검사에서 근육량이 '보통'으로 나올 확률은 봄철에 한 달 내내 미세먼지가 없을 확률만큼이나 매우 희박합니다(무조건 체지방 과다 혹은 근육량 부족, 아니면 두 가지 모두에 해당한다고 나오죠). 처음 와본 장소에서 눈을 감고 제자리 걷기를 열 번 한 다음 균형을 잡고 완벽한 좌우 대칭을 유지할 확률은요? 당연히 그보다 더 낮습니다!

이쯤 되면 궁금해집니다. 인간의 몸은 원래 대칭일까요? 가만히 있을 때 좌우가 약간 다른 것은 비정상일까요? 비대칭을 찾아내어 '교정'이나 '재활'을 통해 대칭으로 되돌려놓도록 장려해야 하는 걸까요? 우리 같은 생명체도 인공적으로 만들어진 사물처럼 완전한 대칭을 이루는 게 가능하긴 한 걸까요?


고대 그리스의 신전이나 중세 유럽의 궁전, 아프리카의 피라미드와 우리나라의 경복궁에는 한 가지 공통점이 있습니다. 바로 건축물이 완벽한 좌우 대칭 형태라는 점입니다. 건물의 형상뿐만 아니라 그 앞의 정원도, 길도, 가로수도, 광장도 모두 반듯하게 정비된 대칭 형태를 띠고 있지요. 언젠가 프랑스 파리를 방문했을 때 길거리의 가로수를 몽땅 같은 크기, 같은 모양(하드 아이스크림처럼 세로로 긴 직육면체)으로 통일해놓은 것을 보고 경악을 금치 못한 적이 있습니다. 인간에게는 강박적이라고 할 만큼 대칭 추구 욕망 같은 것이 있는 게 아닐까 싶었지요. 도대체 거기에 어떤 이점이 있기에 고대부터 현대에 이르기까지 한 시대를 대표할 만한 건축물들은 한결같이 좌우 대칭인 걸까요?

건축학자들의 견해에 따르면, 인간은 대칭적 구조물에서 '완벽함' 혹은 '완전함'과 같은 감정을 느낀다고 합니다. 흔히 '압도당하는 기분'으로 표현되는 이러한 감정은 신성함이나 권위로도 쉽게 연결되죠. 그래서 과거에는 교육기관이나 종교 시설은 물론, 권력의 위세를 과시해야 하는 왕궁이나 왕의 무덤에서 특히 건물과 공간의 대칭성을 매우 중요하게 여겼습니다.

인간이 대칭에서 느끼는 이 '완전하다'라는 인상은 때로는 '아름다움'과도 혼동되는 듯합니다. 성인 남녀에게 사람의 얼굴을 보여주었을 때, 좌우가 대칭에 가까울수록 호감도가 증가했다는 어느 연구 결과를, 어디선가 한 번쯤 들어본 적이 있을 겁니다. 그런데 여기서 흥미로운 사실이 있습니다. 아예 완벽하게 대칭인 얼굴, 즉 실존하지 않는 가상의 얼굴을 보았을 때는 더 이상 그 대상이 아름답다거나 매력적이라고 느끼지 않는다는 점이죠. 완벽하게 대칭인 얼굴에서 느껴지는 것은 '부자연스러움' '어색

함' '이질적임' 같은 감정이고, 이것은 과도한 성형으로 완벽에 가까운 얼굴을 갖게 된 사람을 보았을 때 받는 느낌과도 흡사하다고 합니다.

이렇게 대칭인 것들로부터 느끼는 감정 때문인지, 우리는 어느 순간 우리 몸에서 겉으로 보이는 부분(특히 어깨나 골반)의 대칭에 대해서도 엄격한 잣대를 갖다 대기 시작한 것 같아요. 특히 여기에는 저와 같은 운동 강사들의 역할이 한몫을 한 것 같아 마음이 무겁습니다. 의외로 필라테스 수업 중에 종종 이런 질문을 접하곤 합니다.

"선생님, 저 지금 왼쪽 어깨 틀어졌죠?"

"선생님, 저 지금 골반 높이 다르죠?"

심한 경우, 이들은 자기 몸의 대칭 여부에 신경 쓰느라 동작 자체에 몰입하지 못하고, 수업이 끝난 이후에도 자신이 얼마나 '틀어진 채로 운동했는지' 자책하는 데 급급해합니다. 도대체 왜 그런 생각을 하게 되었는지 이야기를 나누며 함께 되짚어보면, 대부분 과거에 운동 강사로부터 비대칭인 부분에 대해 신랄한 지적을 받은 경험이 있더라고요. 약간의 높낮이와 길이 차이는 지극히 정상이고, 결코 그것이 추후에 관절 통증과 같은 문제를 일으키지 않는다고 설명해도, 한번 생긴 불안을 없앤다는 건 쉬운 일이 아니었죠. 끝까지 불안을 떨쳐내지 못하는 분들에게는 농담조로 이렇게 말씀드리곤 합니다.

"인간은 원래 비대칭이에요. 일단 우리는 저마다 오른손잡이와 왼손잡이로 살고 있잖아요. 완전한 대칭을 이루려면 양쪽을 똑같은 비율로 쓸 줄 알아야겠죠. 눈에 보이지 않을 뿐, 우리 몸속 장기도 다 비대칭이에요. 양쪽 두 개, 한 쌍으로 된 장기조차 오른쪽과 왼쪽 모양이 다르고 달린 높낮이도 조금씩 다르죠. 심장도 왼쪽으로 치우쳐 있는데, 그런 논리라면 심장도 비대칭인 거잖아요?"

그러면 그제야 걱정으로 심각해졌던 얼굴에 슬그머니 미소가 떠오르는 걸 보게 됩니다.

필라테스에서는 가만히 있는 사람을 보디스캔(정렬을 파악하는 것)하지 않습니다. 인간은 본래 움직이는 동물이니까, 움직임을 바탕으로 그의 몸을 읽어야 한다고 보는 거죠. 만약 움직임 속에서 좌우의 현저한 비대칭이 보인다면, 그때는 강사가 개입하여 올바른 움직임을 알려줍니다. 그럼에도 비대칭이 사라지지 않는다면 그럴 만한 원인이 있다고 판단하고, 그것을 찾아내서 해당 부위에 대한 근막 이완이나 스트레칭, 근육 강화 같은 해결책을 제시합니다.

사실 '움직임'이라는 것 자체가 '대칭을 깨는' 행위나 다름없습니다. 우리가 걷고 있는 모습을 영상으로 찍어 중간중간 사진으로 캡처한다고 생각해보면, 아마 모든 사진이 비대칭인 모습을 담고 있을 테니까요. 그럼에도 우리는 계속 좌우 균형을 맞추며 넘어지지 않고 똑바로 걸어갑니다. 순간적인 좌우 대칭은 깨어질지언정 전체적인 움직임의 대칭은 완벽히 유지되고 있는 셈이죠. 똑바로 걷고 뛸 수 있는 사람에게 양쪽 어깨와 골반 높낮이 1~2센티미터 차이가 무슨 의미가 있을까요?

"선생님, 저는 어깨가 약간 비뚤어졌대요."

(오른손잡이여서 그렇습니다.)

"양쪽 골반 높이가 달라서 허리가 아플 수 있대요."

(그건 디스크성 통증입니다.)

"좌우 다리 길이가 1.5센티미터 정도 차이가 난대요."

(그 정도는 아무 문제 없습니다.)

운동 강사들의 비틀린 이야기에 지레 겁먹고 불필요한 걱정을 하는 사람들이 더 이상 생겨나지 않았으면 합니다. 인간에게 대칭은 '움직임'으로만 정의되어야 합니다.

거리의 가로등이나 도심 속 빌딩처럼 인간이 만든 무수한 구조물과 달리, 자연물은 모두 비대칭의 모양을 하고 있습니다. 길가에 떨어진 나뭇잎 하나만 들여다보아도 그렇지요. 언뜻 좌우 대칭인 듯 보이지만 자세히 살펴보면 완전한 대칭은 아니라는 걸 알 수 있습니다. 나무나 암석, 들꽃이나 열매, 하다못해 집에서 키우는 강아지나 고양이 얼굴만 보아도 좌우가 완벽하게 대칭인 것은 자연물 중에 하나도 없다는 사실을 쉽게 알 수 있죠. 심지어 지구 또한 찌그러진 타원형입니다. 그러니 모눈종이 위에 내 몸을 세워놓고 1센티미터도 안 되는 작은 오차를 찾아내려 애쓰기보다는, 차라리 저 까마득한 옛날 신이 그랬듯 먼발치에서 그윽한 눈길로 바라보며 "그 모든 것이 심히 좋았더라" 하고 있는 그대로 감탄하는 편이 훨씬 지혜로울 겁니다.

## 여성복 사이즈는
## 왜 두 개뿐일까

　　제가 졸업한 부산의 모 여고는 단정한 옷차림을 유난
히 강조하는 학교였어요. 당시 '발목 양말'이라는 것이 처
음 등장해서 전국적으로 인기를 끌었는데, 학교에서는
'단정해 보이지 않는다'는 이유를 들어 교칙으로 착용을
금지할 정도였죠. 아침마다 교문 앞을 지키고 있던 학생
주임 선생님은 발목 양말을 신은 학생들을 한쪽에 몰아
세워놓고 양말을 벗긴 뒤 압수했습니다(학교 소각장에 가
져가 모두 불태울 거라며 으름장을 놓기도 했죠). 교칙 중에는
겨울에도 살구색 스타킹만 신을 수 있다거나 가방 색은
검정만 가능하며, 글자나 무늬가 절대 들어가서는 안 된

다는 황당한 것들도 있었습니다. 심지어 교복 치마 속에는 반드시 속바지를 입어야 한다거나(입었는지 아닌지 여자 선생님들이 확인하겠다는 공지가 있기도 했어요), 하복 상의 안에 러닝셔츠를 반드시 입되 어깨 부분이 끈 형태로 된 것은 (외설적인 느낌을 줄 수 있으니) 금지한다는, 지금 같으면 당장 교육부에 신고할 만한 것들도 더러 있었죠.

하지만 온 힘을 다해 세상에 저항하며 자아를 성장시키는 시기를 지나고 있는 아이들이 이대로 가만히 있을 리 없었겠죠? 잘나가는 그룹에 속하는 아이들은 과감히 짙은 남색 책가방을 멨고, 특히 그 가운데 우두머리(?)인 녀석들은 파격적이게도 하얀색 파이핑이나 브랜드 로고가 선명히 부각되는 것을 택했습니다. 어느 날의 등굣길에는 소위 '깡년'으로 불리던 친구가 남색 바탕에 흰색 알파벳 로고가 커다랗게 박힌 가방을 빼앗긴 채 학생 주임 선생님께 붙들려 있었습니다. 학교가 시키는 대로 따르지 않는다는 이유로, 건장한 성인 남자가 자기 몸집의 3분의 1 정도밖에 안 되는 가녀린 여학생을 그 '불경스러운 가방'으로 무자비하게 때리는 장면은 수십 년이 넘은 지금까지도 기억에 선명히 남아 있습니다.

심지어 운동화를 신는 것도 교칙 위반이었습니다. 논리

적인 이유 같은 것은 없었습니다. 아니, 어쩌면 있었을지도 모르겠지만 한 번도 설명을 들은 적은 없었죠. 우리는 그저 시키는 대로 3년 내내 딱딱한 검정 가죽 구두를 신었습니다. 한창 성장 중이었기에 신발은 금세 작아지곤 했습니다. 엄마에게 신발을 바꿔달라고 하면 "여자가 발이 너무 크면 못 쓴다. 여자는 손과 발이 작아야 예쁜 거야. 중국에서는 글쎄 전족을 했다잖니. 모쪼록 발은 240 사이즈가 넘지 않도록 해"와 같은 답이 돌아왔습니다. 발끝에 피가 나서 흰 양말이 붉게 물드는데도, "그러면 발톱을 더 짧게 깎으렴"이라고 말하는 엄마가 학생 주임 선생님만큼이나 미워지곤 했습니다.

스무 살, 드디어 감옥 같던 고등학교를 벗어나 사회에 나오니 날아갈 듯 자유로웠습니다. 교복도 교칙도 없는 세상은 훨씬 살 만한 것 같았죠. 하지만 이십 대 여성에게는 암묵적으로 요구되는 새로운 질서가 있었으니, 그건 바로 '사이즈'였습니다. 여성복에는 55/66이라는 두 가지 사이즈가 있었고, 이것을 아우르는 '프리사이즈'라는 게 존재하더라고요. 주머니 사정이 좋지 않은 대학생에게, 쉽고 저렴하게 구매할 수 있는 옷들은 모두가 이 두 사이즈 범위 안에 있었습니다.

44나 77 사이즈의 몸을 가진 친구들에게는 옷을 구매하는 행위 자체가 여간 번거로운 게 아니었지요. 마음에 드는 옷은 전부 55나 66 사이즈뿐이었고, 겨우 사이즈가 맞는 옷을 찾아도 유행과는 한참 동떨어진 디자인일 때가 많았습니다. 그래도 교복을 입던 시절엔 옷을 내 몸에 맞췄는데, 이제는 내 몸을 옷에 맞춰야 하는, 완전히 새로운 상황을 맞이한 겁니다. 언젠가부터는 아예 입고 싶은 옷을 미리 사놓고 극한의 다이어트를 하는 일이 잦아졌습니다. 동기 부여를 하기 위해, 잘 보이는 곳에 그 옷을 걸어 놓고 수시로 쳐다보면서 말이죠. 주린 배를 붙잡고 온종일 옥수수수염차만 홀짝이면서도, 그때는 '뭔가 잘못됐다'라는 생각을 전혀 하지 못했던 것 같아요. 그렇게 마치 '순리를 따르듯', 여느 이십 대처럼 저 역시 55 사이즈가 되려고 내내 안간힘을 썼습니다.

그로부터 어느덧 20여 년이 흘렀습니다. 이제 세상이 많이 바뀌었다고들 하지만, 가끔은 정말로 바뀐 걸까 싶어질 때가 있습니다. 가장 마음에 걸리는 건 단연 인터넷 쇼핑몰 리뷰입니다. 저는 평소에 대여섯 개 정도의 패션 플랫폼을 이용하는데, 리뷰란에는 마치 한 사람이 작성한 게 아닐까 싶을 만큼 자주 등장하는 표현이 있습니다. "이건 제 몸의 문제인 것 같아요"나 "제가 일단 살을 빼야 할 듯해요"가 대표적입니다. 여기서 한 걸음 더 나아가 "제 뱃살이 문제인 거겠죠"나 "제 다리가 짧아서 그런가 봐요" 같은 구체적인 신체 비하도 쉽게 찾아볼 수 있습니다. 이게 상품에 대한 리뷰인지, 자기 몸에 대한 평가인지 알 수 없는 리뷰를 보면 과거의 제가 오버랩되면서 왠지 마음이 숙연해집니다. 다들 아무런 죄책감 없이 '내 몸을 옷에 맞춰야 한다'라는 대명제에 동의해버리는 안타까운 현실. 혹시나 그녀들도 학창 시절에 검정 가방과 검정 구두를 강요받았을까, 아침마다 작은 가죽 구두에 발을 구겨 넣었던 걸까 궁금해집니다.

여성들의 기성복 사이즈로 통용되는 55/66 사이즈는 1970년대 이후 등장한 신조어라고 합니다. 그전까지만 해도 옷이라는 것은 개인의 몸에 맞추어 제작하는 게 당연시되었는데, '나만을 위한 맞춤옷'이니까 좋은 점만 있었을 것 같지만 의외의 단점도 많았습니다. 우선 양장점 주인이 '금손'인지 아닌지에 따라 결과물의 완성도가 크게 달라졌고, 샘플이 있다고 하더라도 사실상 내가 받게 될 물건을 실물로 보지 못한 채 구매 의사를 결정해야만 했죠. 심지어 결과물이 마음에 들지 않는다고 해도, 이미 내 몸에 맞춰 제작한 옷이라 교환이나 반품 같은 건 당연히 불가했습니다.

그렇다면 '55 사이즈'라는 건 대체 무슨 뜻일까요? 지금의 국가기술표준원은 산업통상자원부 산하 기관으로, 우리에게는 'KS 마크 인증'으로 친숙한 곳입니다. 무려 1883년(고종 20년)에 만들어진 이 기관은 1970년대 기성복 시장이 처음 생겨났을 때 표준 사이즈라는 걸 정하게 됩니다. 당시 대한민국 성인 여성의 평균 신장이 155센티미터, 가슴둘레가 85센티미터 정도였는데, 이것을 기성복 전체의 기준으로 삼기 위해, 155센티미터의 끝자리 수 5와, 85센티미터의 끝자리 수 5를 합쳐서 '55 사이즈'라는 신조어를 만들었죠. 이후 업계에서는 이 숫자를 중심으로 단위가 증가하거나 감소할 때 키 5센티미터 가슴둘레 3센티미터를 각각 더하거나 빼서 44/66 사이즈로 불렀고, 이때의 전통이 지금까지 내려오고 있는 거죠. 키 155센티미터에 가슴둘레 85센티미터인 여성. 이게 바로 '순도 100퍼센트'인 55 사이즈의 여성인 겁니다. 너와 나, 우리가 그토록 원하고 간절히 바라는 55 사이즈의 진짜 속사정이 어떤가요? 이상적으로 느껴지시나요?

이렇게 한정된 사이즈만 제작, 판매하고 있는 의류업계

에도 나름의 이유가 있다고 합니다. 다양한 사이즈의 옷을 만들었는데 다 팔리지 않아 재고로 남으면, 그 자체로 큰 손실이 되어버리니까요. 업체의 규모가 작을수록 재고량에 따라 사업의 흥망성쇠가 갈리고, 재고 누적이 지속될 경우 폐업까지 하는 일이 비일비재하다고 합니다. 그러니 주요 사이즈만 취급하는 업체를 탓할 수만도 없는 노릇이죠. 다만 우리가 꼭 기억해야 할 것은, 지난 수십 년간 소비자들은 이런 현실적인 부분을 제대로 알지 못한 채, 정해진 사이즈에 들어맞지 않는 자기 몸에 대해 부정적인 감정을 쉽게 느껴왔다는 점입니다. 그리고 더 나아가 "이건 제 몸의 문제인 것 같아요"라고 말하는 지경에까지 이르렀고요.

언젠가 한번은 필라테스를 지도하면서 출산한 지 이제 겨우 3개월 남짓 된 산모를 만난 적이 있었습니다. 평생을 마른 몸으로 살아왔다는 그녀는 만나자마자 제게 "선생님, 제 몸은 지금 문제투성이예요. 너무 심각해요. 빨리 고쳐주세요"라며 매달렸습니다. 깜짝 놀란 제가 혹시 어디라도 아픈 건지 묻자, 그녀는 울상을 지으며 대답했습니다.

"제 뱃살 좀 보세요. 허벅지랑 팔은 또 어떤가요? 제가 가진 운동복 중에 지금 제 몸에 맞는 게 하나도 없어요. 너무 심각한 상태예요."

아직 부기가 다 빠지지도 않은 몸에, 양쪽 손목에 보호대를 찬 모습인데, '빨리 다시 55 사이즈로 돌아가야만 한다'니, 저는 도저히 그냥 넘어갈 수 없었습니다.

"회원님, 지금 회원님한텐 아무런 문제도 없어요. 문제가 있다면, 갖고 있는 운동복 사이즈에 문제가 있는 겁니다. 키가 170센티미터가 넘는데 그동안 55 사이즈를 입었다면 너무 저체중이었던 거예요. 그리고 역할이 바뀌면 몸도 바뀌는 게 당연해요. 편안한 운동복을 새로 사면 되는 겁니다!"

단호한 제 말에 당황하는 것도 잠시, 그녀는 이내 안심된다는 표정으로 활짝 웃었습니다.

"선생님, 방금 전과 같은 반응은 제 평생 처음이에요. 언니와 엄마, 심지어 아빠까지 모두 저한테 살 언제 뺄 거냐고 자꾸 물어봐서 엄청 우울했는데, 갑자기 마음이 확 편안해졌어요!"라면서요.

수년 전 국내 시장에 글로벌 SPA 브랜드가 본격적으로 입점하면서 분위기는 꽤 반전되었습니다. 이제는 옷을 구입할 때 상의든 하의든, 사이즈 선택의 폭이 평균 네다섯 가지 정도로 확대되었지요. 온라인에서도 이삼십 대가 많이 이용하는 어플을 통해 다양한 사이즈의 보세 옷 판매가 활성화된 모습을 볼 수 있습니다. 가게에 한두 개 사이즈만 가져다 놓고, "언니는 살 좀 빼야겠다"라는 막말을 시전하던 보세 옷 가게 주인들은 이제 업계에서 퇴출당한 지 오래입니다.

존중의 또 다른 이름은 '다양성에 대한 인정'이라고 생각합니다. 혹시라도 누군가 당신의 몸에 대해 함부로 얘기할 때 "지금 그 말씀은 좀 무례한 것 같아요. 그렇게 말하지 않으셨으면 합니다"라고 알려주세요. 상대가 받아들이지 않는다고 해도, 당신은 '나를 지키는 말하기'를 한 겁니다. 그렇게 자기 스스로를 보호해본 경험은 우리 마음속 깊이 단단한 자존감으로 자리 잡습니다. 당신을 존중하지 않는 사람에게 인생의 소중한 시간을 낭비해선 안 될 일입니다.

## 콜라겐을 먹으면
## 정말 피부로 갈까

　인스타그램 속에 자주 보이는 운동 강사들에게는 몇 가지 특징이 있습니다. 거울 앞에서 전신 사진을 찍고 '오운완(오늘 운동 완료라는 뜻)'이라는 해시태그를 단다든지, 저러다가 디스크가 생기지 않을까 염려될 정도로 허리를 꺾고 엉덩이를 내민 사진을 찍는다든지 하는 것들이죠. 그중에서도 볼 때마다 실소를 금치 못하는 사진이 있는데, 바로 건강기능식품을 입에 물고 찍는 셀카입니다. 보통 스틱 타입 제품이 많아서 끝부분을 입에 물면 기다란 봉지가 턱 아래까지 축 늘어지지요. 사진 속 그들은 한결같이 눈을 크게 치켜뜨고 마치 입에 먹이를 물고 있는 강아지처럼 귀여운 표정을 짓습니다. 사진 아래로 자신이 입에 물고 있는 이 먹잇감(?)에 대한 칭찬 일색의 글도 잊지 않고요. 역시나 더 아래쪽에는 해당 제품을 할인된 가격으로 살 수 있게 해준다며 공구 일정도 적어둡니다. 최근에는 입에 물려 있는(?) 제품이 '효소'인 경우가 많지만, 불과 얼마 전까지만 해도 가장 인기 있는 아이템은 단연 '콜라겐'이었습니다.

이런 기묘한 문화는 몇 년 전까지만 해도 처음 들어보는 중소기업의 상품을 이름 모를 인플루언서들이 홍보하는 정도에서 그쳤는데, 최근에는 대기업들까지 나서서 콜라겐을 팔고 있습니다. 헐벗은 운동 강사들 대신에 꽤 인지도 높은 연예인들이 나와 콜라겐 섭취를 권장하는 광고를 찍어 내보내기도 하지요. 이제는 저분자 콜라겐으로 가공해서 몸에 더욱 잘 흡수된다는, 천연덕스러운 호언장담도 서슴지 않습니다. 과학적으로 명확하게 검증된 것은 아니지만, 그렇다고 또 완전한 거짓말이라고도 할 수 없는, 애매모호한 줄타기를 하면서 말이에요. 이 오묘하고도 교묘한 건강기능식품의 세계에 대해 우리는 과연 얼마만큼 알고 있는 걸까요?

예뻐지고 싶고 어려 보이고 싶은 여성의 욕망은 인류

역사와 함께 시작되었다고 해도 과언이 아닙니다. 현대의 여성들은 동안으로 보이기 위해 얼굴뼈를 깎거나 피부밑에 보형물을 집어넣죠. 그뿐인가요? 잡티를 없애려 레이저로 피부를 미세하게 지져버리기도 합니다. 중력으로 처진 피부를 끌어올리기 위해서라면, 얇은 실을 넣어 근육을 당겨 이마에 고정하는 정도는 과감히 시도하죠. 이것은 최근에 생긴 새삼스러운 현상이 아닙니다. 불과 19세기까지만 해도, 예뻐지기 위해서라면 안전성이 입증되지 않은 수은이나 비소, 라듐 따위를 먹고 바르고 즐기다가(?) 질병에 걸리거나 사망하는 일이 비일비재했거든요.

코르셋은 또 어땠나요? 숨을 제대로 쉴 수 없을 정도로 몸통을 조이면서도, 예뻐 보이고 싶다는 욕망 하나로 그 불편과 통증을 깡그리 무시해버렸지요. 당시 여성들의 유해를 살펴보면, 지나친 코르셋 착용으로 복강 내 장기들이 제 위치에서 이탈한 흔적을 쉽게 발견할 수 있었다고 합니다. 인류의 역사를 돌이켜보았을 때, 여성들은 아름다워지기 위해서라면 '거의 무엇이든지 해왔다'라고도 말할 수 있을 겁니다.

농업혁명과 산업혁명을 지나 돈을 숭배하는 자본주의 사회를 맞이한 지금, 이렇게 강력한 본능을 마케팅에 이용하려는 것은 어쩌면 당연하고 합리적인 흐름일지도 모르겠습니다. 이러한 방식을 여기서는 '본능 자극 마케팅'이라고 부르려 합니다. 식품, 의류, 잡화, 미용, 의료…….
잘 생각해보면 이러한 본능 자극 마케팅이 통하지 않는 산업이 없을 지경이죠. 날이 갈수록 고도화, 지능화되던 이 전략은 어느 순간부터 조금씩 선을 넘기 시작했습니다. 처음에는 상품의 효과에 대한 과장된 표현 정도였던 것이 점차 거짓말(허위 과장 광고)로까지 변질된 것이죠.
달콤한 성공을 맛본 기업들은 점점 더 자극적인 마케팅을 펼치고, 그 엄청난 효과에 취해 소비자를 기만하기에 이르렀습니다.

최근 몇 년 사이에 있었던 유명 사건을 언급해보자면, 우선 '셀○○' 이야기를 빼놓을 수가 없습니다. LED 마스크를 제조하던 중소기업이 다수의 연예인과 대형 유튜버들을 섭외해 자사 제품을 마치 의료기기처럼 홍보하다가 허위 과장 광고로 적발된 사건이지요. 당시에는 셀○○뿐만 아니라 대기업 L사의 '프○○' 등 온갖 제품이 출시되어 너도나도 LED 마스크를 경쟁적으로 팔아치우던 시기였습니다. 그들은 입을 모아 "어떤 화장품을 바르는지는 중요하지 않다. 어떻게 바르는지가 중요하다"라는 그럴싸

한 말로 포장해, 자신들이 만든 기계를 쓰면 가정에서 손쉽게 '연예인 피부 만들기'가 가능하다고 홍보했습니다. 이에 의구심을 품었던 몇몇 사람들에 의해 그런 건 불가능하다는 결론에 이르렀지만요. 결국 "가정용 LED 마스크로는 피부 개선 효과를 기대하기 어렵다"라는 식약처의 최종 판결이 나왔을 때 소비자들이 받은 충격은 이만저만이 아니었습니다. 2019년에 무려 천억 원이 넘는 매출을 기록했던 셀○○은 식약처발 파동 이듬해에 무려 87.3퍼센트의 매출 감소를 겪었고, 효능에 대한 의심이 빗발치며 LED 마스크 열풍은 빠르게 식었습니다.

이렇게 본능 자극 마케팅에 심취해 있는 기업과, 국민의 알 권리를 지키려는 식약처 사이의 쫓고 쫓기는 갈등 상황은 이뿐만이 아닙니다. 이 둘 사이에 가장 큰 해석의 차이를 보이는 단어가 있는데, 바로 '건강기능식품'입니다. 같은 단어지만 기업은 이걸 '건강기능'식품이라고 읽고, 식약처는 건강기능'식품'이라고 읽는 것 같습니다. 안타깝게도 대중은 전자 쪽에 가까운 것 같고요. 이 애매한 단어의 뜻을 명확히 하자면, '건강과 관련해 신체 기능에 긍정적인 영향을 줄 수도 있고 안 줄 수도 있는 가공식품'입니다. 비싼 돈을 주고 구입해서 매일 일정량 정성을 다해 복용하더라도 내 몸에 아무런 이득을 주지 않을 수 있다는 뜻이죠. 일반의약품의 경우 제품 포장에 기재되는 문구가 '~에 도움을 줌'이라면 건강기능식품은 '~에 도움을 줄 수 있음'으로 쓰여 있는데, 고작 이 세 글자가 하늘과 땅만큼 큰 차이가 있다는 사실을 아는 사람보다 모르는 사람이 훨씬 더 많은 것 같아 안타깝습니다.

다시 콜라겐 이야기로 돌아가보겠습니다. 청년의 피부와 노인의 피부를 비교했을 때, 노인의 피부에 함유된 콜라겐 양이 더 적습니다. 만약 음식을 통해 노인에게 콜라겐을 보충함으로써 피부가 더 젊어질 수 있을 거라고 믿는다면, 그것은 인체의 소화와 흡수 과정에 대해 무지한 결과입니다. 사람의 몸은 그리 간단하지 않으니까요. 말장난이나 미신에 가까운 여러 잘못된 믿음은 무릎이 아프다는 이에게 도가니탕을, 기력이 쇠한 사람에게 펄떡이는 미꾸라지를 먹이는 결과를 낳습니다. 동물의 뼈를 고아먹는다고 해서 그게 사람의 뼈를 치유해주지는 못하고, 몸부림치는 물고기를 먹는다고 해서 사람의 원기가 쉽게 회복되지는 않지요.

그럼 우리가 콜라겐을 먹으면 어떤 일이 일어날까요? 섭취한 음식물은 식도를 따라 위胃로 들어가서 염산의 산성과 맞먹는 위액 샤워를 받으며 잘게 분쇄됩니다. 그런 다음 십이지장을 지나며 중화 처리되고, 소장으로의 긴 여정을 시작하고요. 평균 지름 3센티미터, 길이 8미터에 육박하는 소장을 천천히 지날 때가 되어서야 비로소 일어나는 과정이 바로 '흡수'입니다. 위에서 산성의 위액을 때려 맞고 잘게 분해된 뒤 소장까지 도착했다면, 그것이 쇠구슬이나 돌멩이가 아닌 이상 원래의 형태를 유지한다는 건 불가능에 가깝습니다. 분명 입안에서는 콜라겐이었을 그것은 이미 콜라겐이 아니게 된 지 오래죠(콜라겐은 단백질의 가장 작은 단위인 아미노산으로 분해됩니다). 분자 크기가 큰 콜라겐이 원래 모습 그대로 체내에 흡수된다고 믿는다면, 심지어 피부에까지 그 모습 그대로 도달할 것이라고 믿는다면, 안타깝게도 그건 헛된 희망이라는 뜻입니다. 피부에 있는 콜라겐을 구성하는 주요 아미노산은 '비필수 아미노산'으로, 체내에서 직접 만들어집니다. 즉 우리가 콜라겐을 먹든, 닭가슴살을 먹든, 돼지 목살을 먹든, 그것과 상관없이 피부로 가는 콜라겐은 우리 몸이 알아서 만들어내는 것이죠.

최근에는 '바르는 콜라겐'이라고 홍보하는 기능성 화장품 광고도 부쩍 늘었습니다. '저분자 콜라겐'이라서 피부를 뚫고 들어가 흡수될 수 있다고 설명합니다. 하지만 다행히도(?) 우리의 피부는 그렇게 얇고 연약하지 않습니다. 오히려 외부로부터 우리 몸을 보호해주는 강력한 면역 장벽이지요. 그러니 날카로운 물질에 베이지 않는 한, 화장품이 피부를 뚫고 진피층까지 내려가기란 거의 불가능합니다. 커다란 콜라겐 분자 역시 표피층을 뚫지는 못합니다. 다만 피부에 도포했을 때 수분을 끌어당겨 일시적으로 피부를 촉촉하게 만들어주죠. 콜라겐 생성을 직접 촉진하지는 못해도 열심히 바르면 피부가 좋아지는 효과는 분명히 있는 것입니다.

이처럼 완전한 진실도 아니고 완전한 거짓도 아닌, 애매하고 교묘한 본능 자극 마케팅은 앞으로도 더욱 정교하고 똑똑해질 겁니다. 허위 과장 광고에 대한 벌금보다 실제 영업 이익이 훨씬 더 커서 '결국은 남는 장사'라는 게 업계의 공공연한 비밀이라고 하니까요. 그럴싸한 말로 포장하여 고객의 주머니를 호시탐탐 엿보는 이들에게 교묘히 이용당하지 않기 위해서는, 진실의 안테나를 바짝 세우고 의심의 눈초리를 거두지 않아야겠습니다.

# 거인과 멸치는 실재하는가

 

테일러 스위프트Taylor Swift는 역사적으로 가장 성공한 가수 중 한 명입니다. 1989년생인 그녀는 이미 십 대일 때부터 작사 작곡에 능했고, 컨트리 뮤직이라는(우리나라로 치면 트로트 같은 장르), 어린 소녀가 선택했다기엔 다소 특이한 콘셉트로 대중의 인기를 얻기 시작했습니다. 오로지 자신의 작사 작곡만으로 십몇 곡이 수록된 정규 앨범 하나를 뚝딱 만들어낼 만큼 실력파 가수인 테일러는, 데뷔 후 15년이 넘은 현재까지도 각종 기록을 갈아치우며 압도적인 1위 행보를 이어가는 중이죠. 2023년에 진행된 '디 에라스 투어The Eras Tour'는 미국에서만 약 7억 8천만 달러의 수익을 올렸는데, 이는 여성 음악가로서 역대 최고 기록이라고 합니다.

그런데 이런 천재 가수조차도 대중의 '얼평(얼굴 평가)'과 '몸평(몸매 평가)'만큼은 피해 갈 수 없었죠. 금발에 파란 눈, 빼어난 미모를 가진 테일러는 180센티미터라는 큰 키로 데뷔 초부터 놀림거리가 되는 일이 잦았다고 합니다. 활동 초기에 순진하게도(?) 자신의 키를 있는 그대로 180센티미터라고 밝혔는데, 그 후에 "여가수의 키가 지나치게 크다"라는 지적을 받고 178센티미터로 정정한 일화가 있지요. 순진무구한 십 대 소녀로서는 이런 무례에 어떻게 대응해야 할지 난감하기만 했고, 훗날 어느 인터뷰에서 "그럴 때마다 '문제를 일으키지 말자. 착한 아이good girl가 되어야 해'라고 생각하며 침묵을 택했다"라고 회상하기도 했습니다.

가수로서 승승장구하던 시절, 테일러는 개인적으로 산전수전을 겪고 있었습니다. 유명 래퍼 칸예 웨스트Kanye West와의 황당한 구설수로 '뱀처럼 교활하다'라는 비난을 받기도 하고, 남자와 함께 길을 걷거나 조금만 친밀한 모습을 보여도 애인을 자주 갈아치운다는 저급한 루머에 시달렸지요. 대중의 평판이 너무 가혹하다 싶을 무렵, 많은 사람과 사진을 찍는 상황에서 바로 옆자리에 있던 남성에게 대놓고 성추행을 당하는 수모까지 겪었습니다. 테일러는 이 때문에 법정에서 자신이 당한 일을 상세히 진술해야 하는 수치스러운 시간을 보내기도 했습니다.

이런 일련의 사건은 테일러로 하여금 '나를 지킬 수 있는, 나를 지켜야 하는 사람은 바로 나구나'라는 진리를 깨닫게 해준 것 같아요. 해가 갈수록 그녀는 점점 더 단단해졌거든요. 외모나 실력에 대해 이러쿵저러쿵 떠드는 언론을 향해 즉각 대응하지 않는 대신(추가적인 뉴스거리를 주지 않기 위함이죠), 그들에게 일침을 가하는 가사를 쓰고 곡을 만들어, 그 노래로 1등을 해버리는 쪽을 택했습니다. 그야말로 '쿨한' 팝의 여왕이 등장한 순간이었죠.

몇 해 전 메가 히트를 기록한 앨범의 타이틀곡 〈안티히어로Anti-Hero〉에서, 그녀는 자신을 '언덕 위의 괴물'이라고 표현하며 키에 대한 가십을 의식하고 있음을 은연중에 드러냈습니다. 뮤직비디오에서도 직접 '거인' 역할로 출연했는데, 팬들은 그간 테일러가 외모에 대한 대중의 평가로 마음고생을 한 것이 느껴진다며 안타까워했죠. 물론 여기서 '거인'은 비단 큰 체격뿐만 아니라, '너무 크게 성공해버려 주위 사람들과 어울리지 못하는 사람'에 대한 중의적인 표현이기도 했지만요(현재 그녀는 미국 여가수 중 총자산 1, 2위를 다투는 부호이기도 하니까요). 어느 쪽이든, '쉽게 다가가기 어려운, 왠지 불편하게 느껴지는 사람'이라는 의미가 아니었을까 싶어요. 참고로 테일러의 큰 키를 놀리는 가십은 현재까지도 계속되고 있습니다. 유튜브나 인스타그램에서는 오늘도 '테일러는 도대체 얼마나 큰 걸까How tall is Taylor Swift?'라는 제목의 밈들이 돌아다니는 중이지요.

민주주의 사회에서는 자신의 의견을 자유롭게 말하는 게 허용되고, 어떠한 대상에 대해서든 마음껏 비평할 수 있습니다. 얼평이든 몸평이든, 항상 '말하는 이의 자유'가 우선하는 겁니다. 이것은 비단 온라인 공간에만 국한되지 않지요. 그래서 우리는 "너 요새 좀 살찐 것 같아!"라거나 "너는 쌍꺼풀만 있으면 완벽하겠는데" 같은 말을 쉽게 하고, 쉽게 들으며 살아갑니다. 특히 여성의 경우 임신과 출산을 경험할 때, 평생 들어온 것보다 훨씬 더 많은 몸평을 한꺼번에 들을 수 있습니다.

경악할 만한 사실은, "너 애 낳고 그렇게 푹 퍼져 있으면 안 된다. 얼른 살 빼야 해"라고 말하는 사람이, 다름 아닌 사랑하는 가족이나 절친한 친구들일 때가 많다는 겁니다. 심지어 그렇게 말하는 이들의 표정에서는 미안함이나 죄책감 같은 건 전혀 느껴지지 않습니다. 그들은 항상 "이게 다 너를 위해서 하는 말이야"를 관용어처럼 사용하니까요. 이것을 서양에서는 '보디 셰이밍'이라고 부릅니다. 몸을 평가하는 말을 함으로써 상대방에게 불쾌함과 수치심을 유발하는 행위를 뜻하죠.

보디 셰이밍이 난무하는, 말하는 이의 자유가 지극히 우선하는 우리 사회에도 몇 가지 금기시되는 주제가 있긴 합니다. 대표적으로 '남아 선호 사상'이나 '학벌주의'가 있지요. 불과 저의 부모님 세대만 하더라도 공공연하게 '아들 못 낳은 며느리'라는 표현을 자주 썼고, "스카이 대학만 들어가면 모든 게 용서된다"라는 희한한 자녀 양육법이 판을 쳤습니다. 그로부터 불과 이삼십 년이 지났을 뿐인데 지금은 그렇게 말하는 사람을 찾아보기가 힘들죠. 왜 그럴까요? 그런 식의 언사가 무례하고 유해하다는 사회적 동의가 만들어졌기 때문입니다.

딸만 낳은 여성과 스카이 대학에 가지 못한 사람은 예나 지금이나 똑같이 존재합니다. 다른 점이 있다면 그게 과거에는 공공연한 무시와 비난의 대상이었으나 지금은 그렇지 않을 뿐입니다. 아직도 '아들 낳는 게 딸 낳는 것보다 더 낫다' 혹은 '부모가 지원을 해주는데도 스카이 대학에 못 가는 것은 불효다'라고 생각하는 이들은 분명히 있을 겁니다. 하지만 이제 그들은 자신의 의견을 쉽게 입 밖으로 꺼내지 못합니다. 굳이 무례하고 무식한 사람으로 평가받고 싶지 않을 테니까요.

우리가 암묵적인 합의 때문에 타인의 출산 경험이나 학업 성취에 대해 함부로 이러쿵저러쿵하지 못하게 된 것처럼, 몸에 대해서도 '평가하는 말하기'를 삼가야 합니다. 이 문제에 대해서 우리보다 오랜 시간 논의해온 서양에서는, 보디 셰이밍이 개인에게 심각한 정신적, 감정적 상처를 줄 수 있으며, 피해자는 잠재적으로 우울감, 불안, 섭식장애 등의 문제를 경험하게 된다고 보고 있습니다. 장기적으로는 자존감에 부정적인 영향을 주고요.

몸에 대한 평가는 상대방의 마음을 아프게 할 뿐만 아니라 심지어는 한 사람의 일상과 인생까지 무너뜨릴 수 있습니다. 안타깝게도, 말하는 이가 듣는 이에게 중요한 사람일수록 그 말은 더욱 파괴적인 힘을 갖습니다. 물론 말을 한 이는 악의가 없었다고 변명할 것입니다. 가해자는 없고 피해자만 있는 이런 이상한 폭력에 대해, 이제는 우리 모두가 경각심을 갖고 조심해야 하지 않을까요?

테일러 스위프트에 버금가는 슈퍼스타인 아리아나 그

란데Ariana Grande의 키는 153센티미터입니다. 조금만 살이 빠져도 초등학생처럼 보일 정도로 작은 체구지요. 얼마 전, 파파라치 사진에 찍힌 그녀가 평소보다 더 야윈 모습이어서 화제가 된 적이 있었습니다. 네티즌은 폭발적으로 댓글을 달았습니다. '비정상적으로 말라 보인다' '거식증에 걸린 게 아닐까?' '너무 얇아서 막대기 같다' 등등요. 이야기는 점차 심각해져 순식간에 '아리아나 그란데 건강 이상설' 뉴스로 번졌습니다. 아리아나 그란데는 침묵하지 않고 자신의 SNS를 통해 이를 일축했습니다.

"건강에는 여러 모습이 있습니다. 여러분이 지금의 저와 비교하는 과거의 제 몸은, 인생에서 가장 건강하지 못할 때의 모습이에요. 당시 다량의 항우울제를 복용했고, 매일 술을 마셨어요. 제대로 된 식사조차 하지 못했죠. 우리는 상대방이 어떤 일을 겪고 있는지 절대로 알지 못해요. 그러니 타인의 몸에 대해 함부로 말하지 말아주길 바라요"라고요.

우리 주위에 거인이나 멸치가 실제로 존재하지는 않습니다. 그것은 오직 말하는 이의 머릿속에만 존재할 뿐입니다. '저 사람은 너무 커/ 작아/ 뚱뚱해/ 말랐어'와 같은 고정관념은 스스로를 편협한 사람으로 만들고, 그 생각을 입 밖으로 꺼내는 순간 상대방에게 돌이킬 수 없는 상처를 줍니다. 사실 '다양성'이라는 시각에서 바라보면, 우리는 모두 보통의 몸, 평균적인 몸을 가졌습니다. 155센티미터인 여성은 일본에서 보통 키에 속하고, 175센티미터인 여성은 네덜란드에서 평균 키일 뿐이니까요.

만약 아무렇지도 않게 보디 셰이밍을 하는 이를 만난다면 아리아나 그란데처럼 멋지게 말해보는 건 어떨까요? "타인의 몸에 대해 함부로 말하지 말아주세요"라고요.

# 지금 내 몸은 언제 적 몸일까

필라테스 강사를 하다 보면 '좋은 몸'에 대한 고민을 많이 하게 됩니다. 너도나도 '남에게 보이는 몸'에 집착하는 시대에, 과연 어떤 몸이 좋은 몸인가에 대한 근본적인 의문이 들곤 하죠. 간혹 필라테스를 배워보겠다며 센터에 방문하는 남성 가운데 '몸부심(몸에 대한 자부심)'이 유독 대단한 이들이 있습니다. 그동안 헬스를 10년 이상 해왔다며, 이제는 필라테스 같은 가벼운(?) 운동도 해보고 싶어 왔다는 식이죠. 그러나 막상 필라테스를 시켜보면 그들의 예상과는 조금 다른 상황이 펼쳐집니다. 일단 우락부락한 몸을 캐딜락(침대처럼 생긴 필라테스 기구) 위에 눕힌 다음 두 다리를 천장으로 들어 올려보라고 하면 벌써부터 눈동자가 흔들리기 시작합니다. 기구의 도움 없이 두 다리를 허공에 들어 올려 무릎을 쭉 뻗고 있는 단계에서부터 이미 난관에 봉착한 것이죠. 아직 30초도 채 되지 않았는데 다리가 떨리기 시작하고, "선생님, 이거 왜 이래요? 이게 맞나요?"라며 당황해합니다.

헬스에서 말하는 좋은 몸이 필라테스에선 좋은 몸이 아닐 수도 있습니다. 발레에서 말하는 좋은 몸이 크로스핏에선 그렇지 않을 수 있는 것처럼요. 올림픽 경기를 보다 보면 선수들의 몸을 관찰하는 재미가 있습니다. 나라를 대표할 만큼 그 분야에 뛰어난 사람들을 한곳에 모아놓으면, 인종이 다름에도 불구하고 어느 정도 비슷한 몸의 형태가 있는 게 눈에 띕니다. 한마디로 해당 운동에 완전히 특화된 상태인 것이죠. 역도 선수의 몸과 멀리뛰기 선수의 몸은 너무나 다르지만, 모두 그 분야에서만큼은 최고로 좋은 몸입니다.

성별에 따라서도 좋은 몸의 기준은 다르고, 지역(나라)별로도 좋은 몸에 대한 생각의 차이가 있습니다. 물론 시대적인 변화도 존재하지요. 여기에 개인의 '추구미(본인이 지향하는 아름다움)'까지 더한다면, '객관적으로 좋은 몸' 같은 것은 아예 처음부터 존재하지 않는 게 아닐까 싶을 정도입니다.

이 문제에 대해 오래 고민하면서, 점차 저는 '인간 본연의 몸'에 대해 관심을 갖게 되었습니다. 지금 나의 몸이, 내 가족과 친구들의 몸이, 나아가 같은 시대를 살고 있는 모든 '인간'의 몸이 언제부터 이 모습이었는지 궁금해졌습니다. 이 몸으로 살아온 총 기간이 대략 어느 정도 되는지, 대부분의 시간을 어떤 환경에서 어떤 형태로 살아왔는지도 알고 싶어졌지요. 원래의 모습을 제대로 알아야만 '진짜 좋은 몸'에 조금은 가까워질 수 있지 않을까 싶었거든요.

제가 선택한 방법은 진화생물학에 관련된 책과 자료를 꾸준히 찾아보는 것이었습니다. 물론 저는 이쪽 방면의 전공자도 아니고 전문가도 아니어서 모든 걸 완벽하게 알고 있다고 말할 순 없겠지만, 좋은 몸에 대한 강렬한 호기심 하나로 10년 이상 꾸준히 공부하다 보니 자연스럽게 습득한 내용은 있습니다. 여기서는 그 이야기를 해볼까 합니다.

지구에 생명체가 살기 시작한 때부터 현재까지를 1년이라는 시간에 빗대어 설명한다면, 최초의 생명체인 루카가 나타난 때를 1월 1일, 지금을 12월 31일 자정이라고 할 수 있습니다. 여기서 최초의 인류인 오스트랄로피테쿠스가 등장한 것이 무려 12월 31일 오전 10시죠. 정말 얼마 되지 않았죠? 그 뒤 몇 번의 진화를 거쳐 현생 인류라고 할 수 있는 사피엔스가 등장한 것은 12월 31일 밤 11시 40분입니다. 즉 이 지구상에서 우리네 사피엔스가 존재한 지 정말 찰나의 시간밖에 지나지 않은 것이죠.

약 15만 년 전 아프리카 대륙에 살던 사피엔스는 지금의 우리와 거의 똑같은 외형을 가졌을 거라고 합니다. 얼마나 비슷한지, 머리카락이나 옷가지를 빼놓고 본다면 현대인과 분간하기 어려웠을 거라고 해요. 7만 년 전의 사피엔스는 도구와 불을 사용하고, 공동체를 이루어 살았으며, 언어도 있었습니다. 그들도 우리처럼 희로애락을 느끼고, 서로 사랑하고, 사랑받으며 살았지요. 그렇게 보면 우리의 유전자는 15만 년 전 그대로인데, 그것을 둘러싼 거의 모든 환경이 바뀐 셈이죠.

과학자들은 인류의 삶이 획기적으로 변화한 시기마다 이름을 붙여놓았는데, 크게 인지혁명과 농업혁명, 산업혁명이 있습니다. 총 15만 년인 사피엔스의 역사에서 농업혁명 이후의 시기는 단 10퍼센트에 불과하고, 산업혁명 이후의 기간은 고작 0.3퍼센트입니다. 언젠가 과학자들이 제대로 이름을 붙여줄 디지털 혁명의 시작을 지금으로부터 30년 정도 전이라고 잡아본다면, 15만 년 중 단 0.02퍼센트에 불과한 시간입니다. 그러니 우리는 99.98퍼센트의 시간에 맞춰진 몸을 가지고 0.02퍼센트의 시대를 살아가고 있는 것이나 다름없는 셈입니다. 이렇게 보면, 전 세계 사람들이 거북목과 허리 디스크에 시달리고 있는 것도 당연한 현상일지 모르겠네요.

따라서 인간 본연의 몸이 무엇인가라는 질문에 대한 역사적 답은 바로 '수렵채집인의 몸'이라 할 수 있습니다. 농업혁명 이후의 1만 년을 제외하곤 우리는 늘 수렵채집인으로 살아왔거든요. 보통 수렵채집이라고 하면 사냥을 먼저 떠올리지만, 실제론 사냥보다는 채집에 더 많은 시간을 쏟았을 것으로 봅니다. 주로 흰개미, 나무 열매, 구근, 버섯 따위를 찾아다녔는데, 이때 단순히 먹을 것만 찾지 않고 머무르는 지역에 대한 조사도 함께 했을 겁니다. 계절에 따른 자연물의 흔적, 사냥감이나 맹수들의 발자취 등을 파악해야 생존에 유리했기 때문이죠. 보고, 듣고, 만지고, 냄새 맡으며, 모든 감각을 동원해서 주변을 파악한 다음, 그 내용을 공동체 구성원들과 공유했지요. 또한 먹을 것이 눈앞에 있을 때, 무엇은 먹어도 되는 것이고 무엇은 먹으면 안 되는지 분간해내고, 최소한의 노력으로 소리 내지 않고 이동할 수도 있어야 했습니다. 지금의 우리는 상상할 수 없을 만큼 고대의 수렵채집인은 날렵하고 기민하게 앉고, 걷고, 달릴 수 있었다고 합니다. 단 몇 분이면 부싯돌 하나로 창촉을 만들 만큼 기술적인 부분에도 능했습니다. 마치 특수부대 요원 같은 느낌이죠?

작은 들짐승을 잡으려고 한 번에 삼사 킬로미터 정도 뛰는 일쯤은 흔했다고 해요. 활이 발명된 것은 비교적 최근의 일이라, 유일한 무기인 창을 든 채 도망치는 짐승을 추격해야 했죠. 들짐승은 순발력이 좋고 달리는 속도가 매우 빨랐지만, 다행히도 오래 달리진 못했습니다. 빽빽한 털이 온몸을 뒤덮고 있어서 높아진 체내 온도를 내릴 방법이 없었기 때문입니다. 유일하게 '털 없는 동물'인 사피엔스는 달리는 동안 피부로 땀을 배출해 체온을 조절할 수 있기에, 이러한 생존 게임에서 매우 유리했죠. 지쳐서 속도가 느려진 들짐승은 그대로 사피엔스 공동체의 맛있는 저녁 식사 거리가 되었을 겁니다.

다양한 영양소 섭취와 역동적인 신체 사용 덕분에 수렵채집인의 몸은 농업혁명 이후보다 훨씬 더 건강했을 것으로 추정됩니다. 영유아 사망률이 워낙 높아서 기대수명이 30~40세에 불과했지만, 실제로는 60세 정도가 평균수명이었다고 해요.

아이러니하게도 농업혁명 이후의 사피엔스는 풍요 속의 빈곤을 맞이합니다. 농사를 짓게 되면서 식단은 훨씬 단조로워졌고, 그중에서도 곡물을 통한 탄수화물 섭취가 지나치게 늘어났지요. 수렵과 채집을 위해 활동적으로 움직이던 것이, 땡볕 아래에서 구부정한 자세로 오랜 시간 농사를 짓는 것으로 대체되었고요. 산업혁명 이후에는 기계 앞에서 가만히 앉아 있거나 서서 보내는 시간이 늘어갔고, 이제는 핸드폰 하나만 있으면 가만히 누워서도 못하는 일이 없는 세상이 되었습니다.

저는 가끔 몸에 이불을 돌돌 말고 팝콘과 맥주를 먹으면서 온종일 유튜브와 넷플릭스를 보고 있는, 탄탄한 몸에 눈빛이 초롱초롱한 수렵채집인을 상상해봅니다. 아침마다 알람에 맞춰 억지로 몸을 일으키고, 똑같은 시간에 똑같은 지하철을 타는 수렵채집인. 여덟 시간 동안 엉덩이를 의자에서 잠시도 떼지 않고 구부정한 자세로 모니터를 보며 일하는 수렵채집인. 계절이 바뀌는지도, 하늘의 색깔이 어떻게 달라지는지도 모른 채 매일을 '복사/붙여넣기'처럼 살아가는 수렵채집인. 저의 상상 속에서 그의 근육은 서서히 약해지고 관절은 뻣뻣해지며 시력이 나빠지고 등이 굽어갑니다.

그렇다면 15만 년 된 몸으로 한 번도 경험하지 못한 시대를 살아가면서도, 인간 본연의 모습에 가까운 좋은 몸을 유지할 방법은 없을까요? 지금부터 초고도화된 현대 문명 속에서도 건강한 수렵채집인으로 살아갈 수 있는 방법을 몇 가지 소개해보겠습니다.

첫째, 많이 걷고 달리세요. 최근 '맨발 걷기' 열풍이 대단합니다. 이제는 공원이나 아파트 단지 안의 모래 놀이터에서까지 사람들이 맨발로 걷는 모습을 쉽게 찾아볼 수 있습니다. 저는 그런 광경을 볼 때마다 '사피엔스의 향수鄕愁'를 느끼는 것 같아 마음 한구석이 찡해집니다. 굳이 맨발이 아니어도 됩니다. 많이 걷고 많이 움직이는 것이 수렵채집인으로 오랜 시간 살아온 우리 본연의 모습입니다. 또 얼마 전부터는 달리기가 유행처럼 번지고 있는데, 이것도 어쩌면 당연한(?) 현상이 아닐까 합니다. 우리는 원래부터 매일 달렸기 때문이죠. 수렵채집인이라면, 장거리 달리기 능력은 선택이 아니라 필수였을 겁니다. 뛰고 싶은 욕망이 든다면, 뛰고 나서 왠지 모르게 뿌듯한 느낌이

든다면, 그건 지극히 사피엔스다운 자연스러운 현상입니다. 만약 관절에 무리가 갈까 봐 걱정이라면 1분 뛰고 1분 걷기를 반복하는 것부터 시작해보세요. 오래 걷고 뛰는 것은 우리의 본능이고, 좋은 몸의 필수조건입니다.

둘째, 되도록 원재료 그대로를 섭취하세요. 바야흐로 가공식품의 시대입니다. 간편식을 전자레인지에 뚝딱 돌려 먹는 게, 원재료를 씻고 다듬어 조리해서 먹는 것보다 시간과 비용을 아낄 수 있어 더 스마트하게 느껴질 정도지요. 그러나 가공식품 섭취는 우리를 좋은 몸에서 멀어지게 만듭니다. 혈당 스파이크, 저탄고지와 같은 의학적 이론을 굳이 거론하지 않더라도, 최소한의 조리를 통해 자연에서 얻은 원재료에서 최대한의 영양소를 얻는 것만큼 좋은 식사는 없습니다. 냉장고, 세탁기, 청소기 등의 가전제품을 통해 아낀 시간을, 내가 내 몸을 위해 만들어 먹을 음식을 떠올리고, 장을 보고, 요리를 하는 데 소비하세요. 이것이 좋은 몸을 갖기 위한 최고의 선택입니다.

셋째, 하루에 무조건 일곱 시간 이상 주무세요. 수렵채집인들은 일단 해가 지면 활동을 멈추고 한곳에 모였습니다. 불을 피워 맹수들로부터 안전한 공간을 만든 다음, 돌아가면서 망을 보고, 나머지 사람들은 숙면을 취했죠. 따라서 일과를 마감하고 잠자리에 들기 전에 불멍이나 물멍을 때리는 것(불이나 물을 멍하니 바라보는 행위)은 좋은 루틴이라고 하겠습니다(사람들이 자꾸 캠핑을 다니고, 그곳에서 캠프파이어를 하는 모습을 보면 저는 또 '사피엔스의 향수'를 떠올립니다. 아, 옛날이여!). 만일 잠자리에 누워 핸드폰을 보는 소소한 즐거움을 도저히 포기할 수 없다면, 되도록 잔잔하고 느린 템포의 영상을 보세요. 핸드폰을 보는 행위를 일종의 '불멍'으로 만들어버리는 거죠. 중요한 것은, 자는 시간이 최소한 일곱 시간은 되어야 한다는 점입니다. 수렵채집인들에게 밤은 꽤 길었습니다. 자기계발을 위한 미라클 모닝도 좋지만, 그보다 더 중요한 건 바로 건강을 위한 충분한 숙면입니다.

지금까지 '좋은 몸에 대한 몇 가지 질문'이라는 주제로 이런저런 이야기를 해보았습니다. 좋은 몸이라는 게, 빅토리아 시크릿 모델과 같은 섹시한 몸이나 44/55 사이즈의 날씬한 몸이 아니라는 것, 혹은 체성분 분석기의 수치가 가리키는 완벽한 몸이나, 서 있을 때 양쪽이 완전히 대칭을 이루는 몸을 뜻하지 않는다는 이야기를 하고 싶었지요. 우리는 각자 자신이 타고난 기질, 자라온 환경, 경험해

온 것들에 의해 형성된 '나만의 잣대'로 세상과 사람들을 바라봅니다. 그렇기에 어떤 기준도, 누군가의 의견도, 결코 절대적이거나 완전히 객관적이라고 말할 수 없지요. 그러니 내가 살아가는 시대의 기준이나 주위 사람들의 의견에 휘둘리기보다 차라리 '15만 년 된 본연의 몸'에 집중해야 합니다. 만일 우리가 추구해야 마땅할 단 하나의 몸이 있다면 바로 수렵채집인의 몸일 거라고 저는 믿습니다.

사실 제가 이런 것들에 대해 오래전부터 관심을 가지고 꾸준히 공부해온 데는 또 다른 이유가 있습니다. 제게는 커다란 마음의 결핍이 있었거든요. 저 또한 다른 많은 사람들처럼 십 대와 이십 대 때는 물론이고 삼십 대에 이르기까지 내내 예쁜 몸, 날씬한 몸에 끊임없이 집착해왔습니다. 어릴 때부터 수없이 보디 셰이밍에 시달렸고, 말도 안 되는 극한의 다이어트를 감행하기도 했고, 그 결과 몸에 '복수'를 당하기도 한 화려한 전적이 있죠. 다음 장에서는 그에 관한 제 이야기를 좀 해볼까 합니다. 날씬한 여신이 되고 싶었던 토실한 코끼리의 이야기 말이죠.

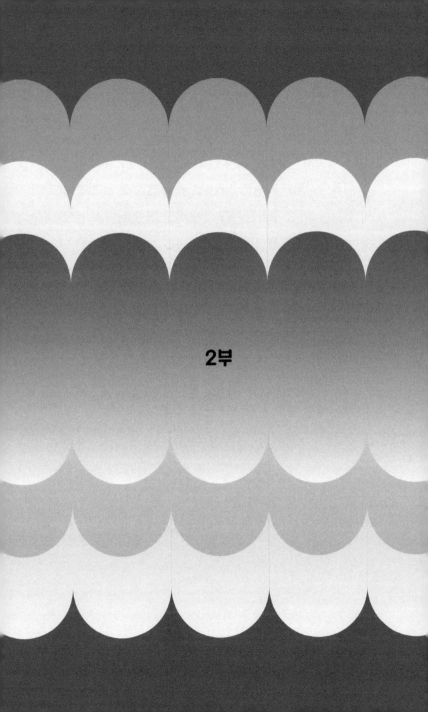

2부

마른 몸 중독 극복기

## 꽃돼지 탈출하기

"너 같은 아기라면 다섯도 키우겠더라."

엄마는 아직도 이렇게 말합니다. 저는 신생아 시절부터 신기하리만큼 잘 먹고, 잘 자고, 혼자서도 잘 노는 아기였다고 합니다. 양손으로 젖병을 잡을 수 있게 되면서부터는, 가장 큰 사이즈의 젖병도 혼자서 딱 붙잡고 쭉쭉 빨아먹는 고난도 기술을 선보였고요. 여느 아기들은 혼자서 잘 먹다가도 더 이상 분유가 나오지 않으면 응애응애 울어서 엄마를 찾기 마련인데, 저는 그럴 때마다 텅 빈 젖병을 시크하게 옆으로 휙 던져버리곤 혼자서 쿨쿨 잠들었다고 합니다. 참말로 인생 2회차 같은 느낌이더래요. 앞서 첫

째 딸이 입이 짧아 맘고생을 많이 했던 젊은 부부는, 우량아로 태어나 아무거나 꿀떡꿀떡 잘 받아먹는 둘째를 보고 기뻐했습니다. 마치 "저희도 잘 먹는 아이 좀 키워보게 해주세요"라는 간절한 기도에 신이 응답해주신 것 같았죠.

그렇게 잘 먹던 아기는 자라나며 친구 엄마들의 인기 손님이 되었습니다. 음식 앞에서 깨작거리기만 하는 아들딸 탓에 속앓이를 해오던 엄마들은, 보고만 있어도 마음이 흐뭇해지는 저의 먹방(음식을 다량으로 섭취하는 모습을 촬영해 내보내는 방송)에 열광했습니다. 당시에는 모두가 자기 집에서 생일잔치(생일파티가 아닌)를 열었고, 이때의 주메뉴는 양념통닭, 떡볶이, 김밥 등이었습니다. 외식업체나 배달 음식이 흔치 않은 때라 모두 엄마들이 집에서 손수 만든 것들이었죠. 친한 엄마들끼리 한집에 모여 품을 팔아 음식을 하던 시절이었습니다.

유치원과 초등학교 저학년 시절의 저는 마치 인기 가수가 전국을 돌며 콘서트 투어를 하듯, 토요일만 되면 친구들 집으로 초대를 받아 배가 터지도록 과식하고 집에 돌아오는 날이 많았습니다. 집에서도 학교에서도 '복스럽게 잘 먹는다'는 칭찬을 항상 들었죠. 시간이 흐를수록 저는 점점 더 통통해졌고, 마침내 초등학교 4학년 때 신체검사에서 '경도 비만' 판정을 받았습니다.

경도 비만이라는 '딱지'가 붙자마자 학교에서 제 별명은 '꽃돼지'가 되었습니다. 그리고 그때부터 같은 반 남자아이들의 놀림이 본격적으로 시작되었습니다. 짓궂은 남자애들은 모이기만 하면 저를 놀릴 계획을 짜느라 분주했죠. 처음에는 마냥 제 편이던 여자 친구들조차, 언젠가부터는 그저 바라만 보고 있더니, 나중에는 그런 상황을 은근히 즐기는 듯 보이기까지 했어요. '안타깝지만 네가 비만인 걸 우리가 어쩌겠니'라는 눈빛으로 말이에요.

남자아이들보다 이미 키도 덩치도 컸던 저로서는 우스꽝스러운 표정을 지으며 조롱하는 녀석들을 한 놈씩 잡아다가 등짝을 후려갈기는 게 최선이었습니다. 지금 같으면 걔들이나 저나 '학폭' 신고감이었을 텐데, 30년 전 그때는 아무도 그들의 조롱을 말리지 않았고, 분노로 눈이 뒤집혀 주먹을 휘두르는 제게도 관심을 두지 않았습니다. 남자아이들은 등짝을 얻어맞고도 금세 아픔을 잊고 다음 날이 되면 어제와 똑같이 놀려댔지만, 어째선지 그들이 제게 던진 말들은 쉽게 잊히지 않고 오랫동안 저를 아프게 했습니다. 당시 제 일기장에는 차마 입에 담기도 어려운 욕과 '죽고 싶다'라는 이야기뿐이었습니다.

그러던 어느 날 꽃돼지는 마침내 결심했습니다. 무슨 짓을 해서든 날씬해져야겠다고 말이죠. 엄마에게 부탁해서 식단을 바꾸고, 밥의 양은 과감히 절반으로 줄였습니다. 그때 저는 저녁을 먹고 나서 국그릇에 시리얼을 한 사발 가득 말아 먹어야 제대로 식사를 마친 기분이 드는 대식가였는데, 시리얼 역시 딱 끊어버렸지요. 토요일이면 정기 행사처럼 이어가던 친구네 집 먹방 투어도 그만두었습니다. 앞에서는 웃고 있다가 뒤에서는 나를 돼지라고 흉볼지 모른다고 생각하니 친구들에 대한 애정도 싹 사라지더라고요.

　일주일 중 유일하게 학교에 가지 않는 일요일에는 아침 일찍 일어나 아파트 주차장에서 줄넘기를 했습니다. 당시에는 주유소 자동 세차가 지금처럼 보편화되어 있지 않아 주말이면 아파트 주차장이 임시 세차장처럼 변했는데, 까치집 머리로 눈을 비비며 세차하러 나온 어른들은 혼자서 뻘뻘 땀 흘리며 아침 운동을 하고 있는 초딩을 보고 깜짝 놀랐지요. 다들 의지가 대단한 아이라며, 어른보다 낫다고 치켜세워주었습니다. 당연히 부모님도 격려를 아끼지 않으셨죠. 하지만 이미 마음속이 상처로 가득했던 저는 그런 칭찬에도 기분이 전혀 나아지지 않았습니다.

오히려 회의와 냉소가 머릿속을 가득 채우고 있었어요.

'당신들도 친구들처럼 내가 뚱뚱하다고 생각하는 거지? 내가 살을 못 빼면 당신들도 나를 돼지라고 욕할 거잖아!'

때마침 저는 키가 1년에 10센티미터씩 폭발적으로 성장하는 중이었고, 식단과 운동요법도 서서히 효과를 보여 5학년이 되면서는 표준체중 범위 안으로 들어가게 되었습니다. 160센티미터를 훌쩍 넘어서자 '다은이는 어른 같아 보인다'라는 소리를 들었고, 꽃돼지라고 놀림당하는 일은 사라졌죠. 어른스러운 키와 체형, 얼굴로 변해가자 짓궂은 남자아이들은 제 주변에 얼씬도 하지 못했고, 점차 학급 친구들로부터 꽤 인기를 얻었습니다.

아이들의 놀림에서 벗어나니 학교 생활은 드라마틱하게 편해졌습니다. "너는 다 좋은데, 살만 좀 빼면 완벽할 텐데……"로 시작하는 엄마의 잔소리로부터도 완전히 해방되었지요. '외모가 곧 힘이고 권력이구나!' 그 사실을 저는 겨우 열두 살 나이에 누구보다 절절히 깨달았습니다. 그래서 더욱 다행이라 느끼는 순간이 많았죠. 그렇게 겉으로는 모든 게 다시 뚱뚱해지기 이전으로 돌아간 듯 보였습니다. 하지만 그때부터 저는 혼자서 더욱 깊이 병들어갔던 듯합니다.

'다시는 뚱뚱해지지 말아야지.'

'다시 뚱뚱해지느니 차라리 죽는 게 나아.'

날씬해진 이후부터 이런 강박관념이 본격적으로 자리 잡았습니다. 중·고등학교 때의 저는 친구들 사이에서 '깨 작거리는 애' '새 모이만큼 먹는 애' '밥알 개수 세면서 먹는 애'로 불리며 늘 저체중을 유지했습니다. 특히 고등학생 때는 아침 일곱 시 시작인 0교시부터 야간 자율학습이 끝나는 밤 아홉 시까지 하루 종일 책상 앞에 가만히 앉아 공부만 하면 되었기 때문에 딱히 배가 고프지도 않았습니다. 그래서 같은 반 친구들이 매점에 갈 때도 따라가지 않았고, 매점에 다녀온 아이들이 건네는 과자나 음료수도 전부 사양했죠. 급식을 먹을 때도 정말 죽지 않을 만큼만 먹으며 지냈습니다. 덕분에 엄청난 변비에 시달렸지만, 살이 찌는 것에 대한 두려움은 그 모든 것을 극복하게 만들어주었습니다. 분명히 제 마음은 깊이 병들어 있었습니다. 다만 그 사실을 알아차리지 못했을 뿐이죠.

# 나를 키운 것은
## 8할이 옥수수수염차

마침내 원하던 간호학과 대학생이 된 저는 홀로 부산에서 서울로 옮겨 오며 인생에서 처음으로 '외모 꾸미기'가 합법화(?)되는 시기를 맞이했죠. 졸업식 날까지 화장한 번 해본 적이 없고, 중·고등학교 시절 내내 치마 길이한 번 줄인 적 없던, 지극히 모범생이었던 저의 캠퍼스 라이프가 본격적으로 시작되었습니다. 당시 저는 표준 체중이었지만, 극도로 활동량이 적은 고3 시절을 막 끝낸 터라 '말랐다'라는 느낌은 들지 않았습니다. 이제 대학생도 되었겠다, 연예인들의 흔한 프로필에 저도 한번 도전하고 싶어졌습니다. '168센티미터에 48킬로그램' 말이죠. 외모가 곧 권력이고 스펙이라고 오래전부터 믿고 있었기에, '쫄쫄 굶을 각오'는 이미 충분히 되어 있었거든요.

당시 대한민국은 전지현과 김태희가 각각 경쟁 브랜드 음료 모델로 나올 만큼 차※ 열풍이 대단했습니다. 하루가 멀다 하고 차 음료가 신제품으로 쏟아졌죠. 그중 유독 제 마음을 사로잡았던 것은 얼굴을 '브이라인'으로 만들어준 다고 홍보하는 옥수수염차였는데, 고소한 곡물 향이 일 품이었지요. 대학 시절 저를 키운 것(?)은 단연코 8할이 옥수수수염차였습니다. 대학교 1, 2학년 동안은 정말 죽 지 않을 만큼만 먹고, 배가 고플 때마다 옥수수수염차를 마시며 버텼습니다. 고소한 곡물 냄새가 허기를 달래주는 느낌이어서 좋았습니다.

어느 날엔가 저의 납작한 배를 본 친구들이 기겁하며 "도대체 여기에 장기가 다 들어가기는 하니"라며 놀랐고, 저는 마침내 나의 노력이 빛을 발하는구나 싶어 혼자 속 으로 뿌듯했습니다. 나는 더 이상 꽃돼지가 아니라고, 이 제 내 힘으로 아름다움을 쟁취할 수 있다고, 당당하게 온 세상에 공표하고 있는 듯한 기분이었습니다.

간호학과라는 특성 때문에 실습 수업이 많이 있었는데, 어느 날에는 교수님이 다음 시간에 신체 사정Assessment 실습을 할 예정이니, 조별로 한 명씩 보디(모델)가 될 사람을 정해 오라고 지시했습니다. 학과생들이 모두 여자이긴 했지만 60여 명 앞에서 배를 까야(?) 하는 터라 꽤 용기가 필요한 일이었지요. 조원들이 망설이고 있을 때 이미 인증된 납작배(?)인 제가 손을 들었습니다. '그냥 가만히 누워만 있으면 되는 거 아닌가?' 하는 태평한 마음이었지요.

하지만 막상 실습일이 다가오자 조금씩 걱정이 되기 시작했습니다. '다들 내가 날씬한 줄 알고 있는데, 막상 배를 보고 생각보다 통통하다고 하면 어떡하지?' 터무니없는 걱정 탓에 날이 갈수록 점점 더 초조해졌습니다. 결국 실습 사흘 전부터는 평소보다 더 적은 칼로리를 섭취하면서 위장을 비우고, 요거트 음료를 마셔서 억지로 설사를 유도했습니다. 실습 당일에는 거의 음식을 먹지 않아, 수업 시간 직전이 되자 저혈당으로 손이 덜덜 떨리는 지경이었지요. 그럼에도 머릿속은 '무조건 날씬해 보여야만 해'라는 일념 하나로 가득 차 있었습니다.

드디어 실습 수업이 시작되고 저를 비롯한 보디들은 각자 배정된 침대로 향했습니다. 천장을 보고 누워 상의를 가슴 바로 아래까지 올리고, 하의도 최대한 내려 복부를 전부 드러나게 했습니다. 오늘을 위해 준비한 나의 납작한 배! 교수님과 친구들에게 어떤 모습으로 비칠지 여전히 걱정되었지만, 이제는 돌이킬 수 없는 결전의 순간⑺이었습니다. 회진을 돌듯이 실습실에 놓인 침대를 다니며 시진과 청진, 촉진 방법을 설명하시던 교수님이 마침내 제 침대에 도착했습니다. 학과생 수십 명이 교수님과 함께 침대 주변을 빙 둘러쌌습니다. 가슴이 두근두근 터져 나갈 것만 같았습니다.

"자, 여기서는 복부 촉진법을 알려주겠어요. 이쪽이 간인데, 손으로 이렇게 두들겨보면 다른 곳에 비해 확실히 치밀한 조직감이 느껴집니다. 왼손을 이렇게 두고 오른손은 이렇게 두드리면 돼요. 이쪽은 위가 있는 곳인데⋯⋯"

여기저기 분주히 움직이던 교수님의 손이 잠시 멈췄습니다. 잠깐의 침묵이 아득히 길게 느껴졌습니다.

"지금 여기 보이는 움직임은 대동맥의 펄스$_{pulse}$입니다. 원래 대동맥 박동이 이 정도로 관찰되진 않는데, 이 학생이 너무 날씬해서 그런지 가만히 있는데도 펄스가 매우 잘 보이죠. 흠⋯⋯. 자, 그리고 이쪽은 대장이 지나가는 길로⋯⋯"

학생들 사이에서 '우와' 하는 탄성이 새어 나오는 걸 느낄 수 있었습니다. '애 엄청 말랐나 봐' '어떻게 저게 보여?'

하는 귓속말이 작게 들려오기도 했지요. 설명을 마친 교수님이 자리를 떠나고, 배운 것을 직접 실습해보기 위해 학생들만 제 옆에 남았습니다. 친한 친구들은 걱정 어린 표정으로 다가와 조심스레 말했습니다.

"다은아, 너 너무 마른 것 아니야? 이제는 진짜 살 좀 찌워야 할 것 같아."

최고의 납작배를 준비했건만, 분명 이건 제가 원했던 반응이 아니었습니다. 날씬한 허리와 하얀 피부에 대해 찬사를 받고 싶었는데, 예상 밖의 상황에 몹시 당황스러웠지요.

하지만 그 정도로 납작배와 마른 몸을 포기할 제가 아니었습니다. 그들이 내지른 탄성의 일부에는 아마도 부러움이 포함되어 있었을 거라는 막연한 환상에 사로잡힌 저는 제 신념을 굳건히 지켰습니다. 이후로도 줄곧 저칼로리 음식과 옥수수수염차는 저의 동반자였습니다. 저보다 키가 15센티미터쯤 작은 친구와 같은 사이즈의 옷을 입는다는 걸 마음속으로 뿌듯해했고, 체중이 0.1킬로그램이라도 늘면 며칠씩 저녁 식사를 건너뛰는 걸 '자기관리'라고 굳게 믿었죠. 이미 손톱이 수시로 부러지고, 생리가 끊어진 지도 한참 되었는데 말이에요.

그렇게 몸을 학대하다시피 지내던 어느 날, 약간의 문제가 생겼습니다. 저의 타고난 체형 때문에 '가늘고 부러질 듯한 다리'는 도저히 가질 수 없다는 사실을 명확히 깨달은 겁니다. 아무리 살을 빼도 허벅지와 종아리는 그저 '평균의 날씬함' 정도에서 크게 달라지지 않았습니다. 상체가 워낙 말랐기에 오히려 불균형이 더욱 도드라지는 느낌이었지요. 당시 저만큼이나 외모와 체중에 관심이 많던 한 친구가 이런 제 고민을 기가 막히게 알아차리고 조심스레 물었습니다.

　　"근데 다은아, 너 혹시 다리 때문에 스트레스 안 받아?"

　　처음에는 대충 얼버무렸습니다. 하지만 치마를 입은 날이면 공강 시간에 일부러 하숙집까지 되돌아가 바닥에 누워 다리를 벽에 기대어 세우고 조금이라도 부기를 빼려고 노력할 정도로 신경 쓰고 있다는 걸 계속 감추기는 어려웠습니다. 결국 어느 날 그 친구에게 제 심정을 토로해버렸죠. 정말 아무리 발악해도 허벅지와 종아리 살은 절대로 안 빠진다고, 답답해서 미쳐버리겠다고요. 그렇게 동병상련의 처지(?)인 친구와 실컷 신세 한탄을 하고 나니 마음이 조금은 가벼워졌습니다. 누가 보아도 저체중인 이십 대 여성 둘이 앉아 눈물을 글썽이며 '너무 뚱뚱한 나'를 주제로 대화를 나누는 기묘한 장면. 그 속에 저와 친구가 있었습니다.

몸에 비해 통통한 다리는 결국 저에게 새로운 별명을 만들어주었습니다. 친한 친구들은 어느 순간부터 저를 '끼리야'나 '코낄아'라고 부르기 시작했습니다. 초등학교 때의 '꽃돼지'와는 달리, 왠지 모를 친근함과 다정함이 느껴지는 별명이었습니다. 아마 당시에 우리끼리 신체적 특징으로 별명을 지어 부르는 게 일상이기 때문이었을 겁니다. 거북이나 슈렉 같은 동물이나 영화 캐릭터 등으로 말이죠. 서로가 서로를 재미난 별명으로 부르니 그다지 기분 나쁘지 않았습니다. '너에게도, 나에게도 취약한 부분은 있지. 하지만 괜찮아'라고 말하는 느낌이었지요.

그러나 저에게 따뜻한 친구들이 생긴 것과는 별개로, 저의 다이어트 강박은 점차 심해져 대학교 4학년 때쯤에는 섭식장애 수준에 이르렀습니다. 살이 찌는 게 두려워서 밥을 먹고 싶지 않았고, 배가 고픈 느낌을 인정하기 싫었습니다. 몸에서 꼬르륵 소리가 나면 '아, 배고파'가 아니라, '아, 귀찮아'라는 생각이 앞섰죠.

'그냥 옥수수수염차만 마셔도 일상생활을 할 수 있는 에너지가 생기면 좋을 텐데. 왜 굳이 하루에 밥을 세 끼나

먹어야 하나. 지금 이걸 먹으면 또 얼마나 찌려나.'

음식을 앞에 놓고 한숨을 푹푹 쉬는 날이 지속되자 위장장애도 생겼습니다. 조금만 스트레스를 받으면 누군가 위를 쥐어짜는 것처럼 아팠고, 무엇을 먹든 더부룩한 느낌이 들어 핸드백 속에는 항상 소화제가 잔뜩 들어 있었습니다. 그 와중에도 배불리 음식을 먹은 날에는 빨리 몸 바깥으로 음식물을 빼내고 싶어 독한 커피나 술을 들이붓는 위험한 행동도 서슴지 않았죠. 정말 심각했던 건, 그러는 동안 단 한 번도 지금의 행동에 '문제가 있다'는 걸 인지하지 못했다는 사실입니다. 제 신념 속에서 뚱뚱한 건 명백한 죄악이었고, 날씬함은 절대적 선善이자 놓칠 수 없는 스펙이고 권력이었기 때문이죠.

## 날아라 코끼리

간호학 전공이던 저는 대학교를 졸업하고 서울의 한 대형 병원에 입사했습니다. 사실 간호사라는 직업이 적성에 맞지 않는 것 같아 입학 직후부터 전공을 바꾸고 싶었고, 4년 내내 틈만 나면 '탈출' 계획을 세웠습니다. 대학교 3학년 때 전과할 수 있는 절호의 기회가 있었지만, 부모님의 심한 반대로 좌절되었죠. 4학년 때는 '어차피 병원에 남을 거라면 차라리 의사가 되자'라며 의학전문대학원으로 전향을 꾀했지만 그 역시 잘 되지 않았습니다. 도대체 내 인생은 왜 이렇게 꼬이기만 할까 고민할 때쯤, 제게 정신건강간호학 교과서에서만 보던 '강박장애'라는 질병이 찾아왔습니다.

강박장애는 본인이 원하지 않는 생각이 반복적으로 드는 강박사고 탓에 불안과 고통이 유발되는 병으로, 환자는 이를 해소하기 위해 강박행동을 반복하게 됩니다. 저역시 다른 환자들처럼 하루에도 수십 수백 번씩 손을 씻고, 현관문이 잘 잠겼는지 몇 번이나 확인해야 외출이 가능할 정도였습니다. 불필요한 행동이라는 걸 너무나 잘 알면서도, 극심한 불안이 밀려와 도저히 멈출 수가 없었죠. 잠자는 시간 빼고는 모든 순간이 마치 고문을 당하고 있는 듯 고통스러웠습니다.

특히 오염과 실수에 대한 강박이 심한 편이었습니다. 그런데 마침 제가 하는 일이 환자들의 피와 고름을 닦아내고 의사의 지시대로 정확하게 약을 준비해서 투약하는 것이어서 이런 강박사고가 더욱 악영향을 주었습니다. 손에 조금이라도 환자의 피가 닿으면 바이러스가 제 피부를 뚫고 몸속으로 파고드는 듯한 기분이 생생하게 느껴졌어요. 나름 똑똑한 편이라고 자부하며 살아온 저 자신이, 그런 말도 안 되는 생각 탓에 매 순간 불안과 공포에 떨고 있다는 사실을 받아들이기 어려웠죠. 거기에 직업윤리상 환자의 질병을 결코 혐오해서는 안 된다는 자각과 그에 따른 죄책감까지 더해져, 정말 매일이 죽을 맛이었습니다.

그나마 입사 후 첫 몇 달 동안은 '프리셉터'라고 부르는 선배를 졸졸 따라다니며 지시한 것만 수행하면 되었는데, 앞으로는 나 혼자 약을 다 준비하고 직접 환자 몸에서 채혈도 해야 한다는 생각에 날마다 괴로움으로 몸서리가 쳐졌습니다. 대학생 시절과는 비교할 수 없는 극한의 스트레스 속에서, 저는 점점 더 제대로 먹지도 자지도 못하게 되었지요.

그렇게 입사 준비부터 프리셉터 기간까지 단 1년 만에 평생을 꿈꿔온 숫자 '48킬로그램'에 도달했지만 결국 병원에서 퇴사할 수밖에 없었습니다. 뼈아픈 인생의 첫 번째 실패였죠. 하지만 그렇다고 계속 퍼질러 앉아 슬퍼하고만 있을 수는 없었습니다. 이제 겨우 스물다섯 살. 이 망할 놈의 강박장애를 반드시 이겨내고 제2의 인생을 시작해야겠다고 다짐했죠.

외모가 곧 스펙이라는 건 이미 어릴 때 일찌감치 깨달았고, 심한 마음고생 덕분에 인생 최저 몸무게를 달성한 상태에서, 저의 다음 '도전 종목'은 승무원이었습니다. 당시 초중고 여학생들 사이에서는 장래 희망으로 아나운서나 승무원 같은 여성스러운(?) 직업을 꿈는 게 흔했고, 저

역시 그랬거든요! 간호학 전공이라는 다소 특이한 배경이 부디 승무원 공채에서 도움이 되길 바라며, 병원 퇴사와 동시에 항공사 취뽀(취업 뽀개기, 취업 준비를 일컬음)를 시작했습니다. 영어 공부와 면접 스터디에 매진하면서, 동시에 강박장애 치료를 위해 꾸준히 약을 먹고, 매주 두 번씩 심리상담 치료도 받았습니다.

　이 시기에 난생처음 받아본 전문적인 상담을 통해, 저는 저라는 사람에 대해 깊이 이해해보는 경험을 했습니다. 보통 강박장애와 같은 질환에 걸리는 사람들은 '병전病前 성격', 즉 병에 걸리기 전부터 보이는 성격적인 특징이 있다고 하더라고요. 지나치게 완벽주의적인 성향이거나, 매우 높은 도덕적 기준을 추구하는 것, 그리고 불확실성에 대해 지나친 불안감을 느끼거나, 일정한 질서와 규칙을 몹시 중시하는 것 등이죠. 저에게 해당하는 부분이 너무 많아서 듣자마자 깜짝 놀랐습니다.

　흥미로웠던 것은, 이런 성격 때문에 비록 병에 걸리긴 했지만 동시에 이런 성격 덕분에 그동안 뜻밖의 이득을 본 부분도 많다는 점이었습니다. 초등학생 때부터 철저한 다이어트 식단과 아침 운동 루틴을 지킬 수 있었던 것도, 고등학생 때 악착같이 공부할 수 있었던 것도, 모두 이 '지독한 성격' 덕분이었거든요. "다은이는 의지가 참 강해"라는 말을 듣게 해준 여러 성취 경험이, 사실은 이러한 나의 '병전 성격'으로 가능했다니! 완전히 새로운 시각을 얻은 것만 같았습니다. 강박장애라는 병 때문에 이번 생은 망했다고 마음속으로 단정 짓고 있었는데, 나의 그러한 면 덕분에 그동안 여러 가지 혜택을 받기도 했다고 생각하니 묘한 감정이 들었습니다.

의사와 상담사들은 입을 모아 격려해주었습니다. 강박적인 성향 자체는 없애거나 치료할 대상이 아니며, 오히려 그것을 잘 이해하고 활용하면 앞으로 살아가는 데 큰 에너지가 되어줄 거라고요. 사회적으로 성공한 사람 가운데는 강박적 성향을 가진 이들이 많으며, 그중 일부는 실제로 강박장애로까지 진행되어 저와 비슷한 고충을 겪었다는 말도 덧붙였죠. 생지옥 같았던 강박 증상은 약물과 상담을 통해 조금씩 호전되었고, 의료진의 지지와 격려 덕분에 저는 날이 갈수록 생기를 되찾았습니다.

어린 시절 꽃돼지의 처지(?)에서 저를 탈출시켜준 '강박력'은 이번에도 어김없이 발휘되었습니다. 매일 같은 시간에 토익 학원에 도착하고, 언제나 강의실 맨 앞자리에 앉았습니다. 눈을 반짝이며 선생님 말씀을 토씨 하나 빼놓지 않고 이해하려 노력했고, 수업이 끝나면 곧바로 학원 앞 카페로 가 두세 시간씩 복습했습니다. 집에 와서는 미국 드라마를 자막 없이 보는 리스닝 훈련을 하고, 라디오 영어 프로그램을 비롯해 CNN, BBC 같은 뉴스를 수시로 보고 들었죠.

면접 준비를 위해 승무원 준비생들을 위한 인터넷 카페에도 가입했습니다. 면접 기출문제는 물론, 복장과 메이크업, 헤어 스타일링에 관한 자료도 계속해서 수집해나갔지요. 여러 명이 모여서 질의응답 훈련을 하는 면접 스터디는, 왠지 승무원 준비생들끼리만 하는 수준에 만족할 수 없었습니다. 예쁘게 인사하는 연습이나 미소 짓기 연습, 이미지 메이킹 같은 건 어쩐지 시시하게 느껴졌죠. 외모도 물론 중요하겠지만, 면접관의 질문에 어떻게 대답하느냐가 결국 당락을 가르지 않을까 하는 생각이 들었거든요. 그래서 아예 대기업 공채를 준비하는 일반 취준생(취업 준비생) 면접 스터디에 지원했습니다.

"승무원 준비생이 왜 여기에?"

의아해하는 스터디원들 앞에서 신문 사설을 주제로 토론 발제를 하며 얼마나 신이 나던지요. 무엇이든지 일단 하기로 결정했으면 제대로 해내고야 마는, 특유의 뜨거운 열정이 이번에도 활활 불타올랐습니다.

몇 달 뒤, 너무나도 가고 싶었던 항공회사의 공채가 시작되었습니다. 서류심사에 합격하면 1차 면접, 1차 면접에 합격하면 2차 면접, 2차 면접에 합격하면 신체검사……. 각 단계 사이에 짧게는 한 달, 길게는 두 달여의 공백이 있었고, 그렇게 계절이 몇 번 바뀌며 기나긴 기다림이 이어졌습니다. 드디어 마지막 면접 날, 단 한 번이라도 좋으니 만져만 보고 싶다며 간절히 꿈에 그리던 유니폼을 실제로 입게 되었습니다. 어설프게 스카프까지 맨 상태로 거울 앞에 섰더니, 수없이 상상해왔던 저의 모습에 가슴이 벅차올랐죠. 정말로 내가 승무원이 될 수도 있겠다는 생각에 온몸이 짜릿했습니다. 이제 이 아름다운 유니폼을 입은 상태로 모든 과정 가운데 가장 어려운 관문인 임원 면접만 통과하면 되는 거였죠. 공채 일정은 꽃이 만개하는 봄에 시작되었는데 창밖에는 벌써 하얀 눈이 쌓여 있었습니다. 이제 오늘이면 이 모든 과정이 끝나는구나. 이 예쁜 유니폼을 내가 다시 입을 수 있을까? 이런저런 생각에 잠겨 있는데, 이윽고 제 이름이 불렸습니다.

연습해온 만큼만 하자. 마음을 굳게 먹었지만, 임원 면접이라는 관문은 역시나 쉽지 않았습니다. 함께 입실한 지원자들도 떨리는 마음을 주체하지 못하는 듯했죠. 어떤 사람은 면접관의 질문에 엉뚱한 대답을 했고, 또 어떤 사람은 말을 이어가다 갑자기 멈추기도 했습니다. 잔뜩 긴장한 모습이었지만 모두 한결같이 좋은 인상이었고, 목소리와 미소도 참 단아하고 아름다웠습니다. 이들도 나처럼 몇 달 혹은 몇 년에 걸쳐 이 어렵고 힘든 과정을 지나왔을 거라 생각하니, 마치 원래 알고 지낸 동료처럼 전우애까지 느껴지더라고요. 면접 시간이 길어지면서 저는 저도 모르게 지원자들의 답변을 듣느라 떨리는 것도 잠시 잊고 있었습니다. 그러다 잠깐, 몇 초가량 면접관들이 다 같이 침묵했고, 드디어 면접이 끝나려나 보다 하며 자세를 고치는 찰나, 돌발 질문이 날아들었습니다.

"김다은 씨? 김다은 씨는 표정 보니까 별로 안 떨리나 봐요? 지금 무슨 생각 하고 있었습니까?"

순간 너무 당황해서 머릿속이 새하얘졌습니다. 이제 다 끝났다고 생각해 마음을 놓고 있었는데 아차 싶었죠. 그리고 아주 짧은 순간이었지만, 지금의 이 질문 하나로 내 당락이 결정되겠구나 하는 직감이 들었습니다. 잠시 고민하다가 조심스럽게 입을 열었습니다.

"저도 무척 떨리긴 합니다. 그런데 옆에 있는 지원자들의 이야기를 듣다 보니, 모두 저와 똑같은 마음인 것 같아 친근함이 느껴지며 마음이 조금은 편안해졌습니다. 다들 너무 좋으신 분들인 것 같아서, 그냥 우리 모두 다 합격하면 정말 좋겠다, 그런 생각을 하고 있었습니다."

딱딱한 표정으로 질문을 던졌던 면접관은 저를 똑바로 쳐다보더니 이내 옅은 미소를 머금었고, 그렇게 면접은 종료되었습니다. 그리고 결과는, 합격이었습니다.

그날 단 몇 시간이었지만, 유니폼을 입어본 후유증은 엄청났습니다. 아름다운 색감, 부드러운 원단의 촉감, 입었을 때 몸을 감싸는 편안한 느낌⋯⋯. 모든 게 너무나 완벽했습니다. 인생 최저 몸무게를 달성한 코끼리에게, 뽀얀 아이보리색 유니폼은 맞춤옷처럼 잘 맞았지요. 그것은 마음속으로 다시 한 번 '절대 살찌면 안 돼'를 외치기에 충분한 경험이었습니다. 그리고 지금의 내 몸이 바로 승무원다운 몸이라고 착각하게 만들기에도 충분했지요.

## 승무원처럼 보이는 몸과
## 진짜 승무원의 몸

공채의 마지막 관문, 신체검사 날이 다가왔습니다. 가장 통과하기 어려운 관문이었던 임원 면접을 이제 막 지나온 터라 '신체검사야 당연히 붙겠지'라는 막연한 생각을 하고 있었죠. 별다른 준비도 하지 않은 채 가벼운 마음으로 검사를 받으러 출발했습니다. 검사장은 앞으로 저와 동기가 될 사람들로 북적이고 있었습니다. 저도 모르게 '과연 어떤 사람들이 합격했을까?' 하면서 유심히 살펴보게 되더라고요. 합격자 대부분이 마른 체형일 거라고 예상했는데, 의외로 저처럼 마른 사람은 많지 않았습니다. 저만큼 키가 큰 사람도 극소수에 불과했고요. 보통의 키에 적당히 통통해 보이는 이들이 대다수라는 점에서 솔직히 좀 놀라웠습니다. 저처럼 키가 크고 바짝 마른, 흔히 말하는 '승무원처럼 보이는 몸'을 찾기가 오히려 어려울 지경이었죠.

본격적인 신체검사가 시작되자, 별생각이 없던 저는 슬슬 불안해지기 시작했습니다. 순둥이 같아 보이던 사람들이 신체 계측이 끝나고 체력 검사가 시작되자 갑자기 악바리로 돌변했거든요. 유연성 검사, 윗몸 일으키기, 악력 테스트……. 여러 종목 중에 저는 뭐 하나 자신 있는 게 없었고, 그중에서도 악력 테스트는 심각한 점수 미달로 몇 번이고 다시 측정해야만 했습니다. 그사이 함께 검사를 시작한 다른 사람들은 모든 테스트를 마치고 조금씩 검사장을 빠져나가기 시작했어요. 홀가분해 보이는 그들의 뒷모습을 보면서 저는 조바심이 났습니다. 이러다가 탈락하는 것 아닌지 겁도 났죠.

결국 추후 비행 근무가 시작되면 그때 다시 방문해서 재검을 받으라는 판정이 내려졌습니다. 일종의 '조건부 합격'이었죠. 사실 그건 "이런 체력으로는 도저히 승객의 안전을 책임질 수 없다"라는 엄중한 경고였는데, 철딱서니 없던 저는 일단 합격했다는 사실에 흥분해 그 경고를 귀

담아듣지 못했습니다. '악력이야 뭐, 일하다 보면 자연스럽게 세지지 않겠어?'라며 안일하게 생각했거든요. 그렇게 유니폼이 참 잘 어울리는, 키 크고 마른 몸을 가진, 그러나 커트라인에도 미치지 못하는 저질 체력의 신입 승무원은 앞으로 자신에게 벌어질 일들을 전혀 알지 못한 채 해맑게 비행을 시작했습니다.

솔직히 승무원이 되기 전에는 비행기 밖에서 마주치는 승무원의 모습을 동경했던 것 같아요. 헤어와 메이크업을 완벽하게 하고, 예쁜 유니폼을 단정하게 입고, 시크한 검은색 캐리어를 끌며 또각또각 우아하게 걷는 모습 같은 것 말이에요. 날씬한 몸매와 시원시원한 이목구비, 단정하게 손질된 손톱에, 은은한 향수까지……. 전부 다 특별해 보이는 그녀들은 어딜 가든 시선을 집중시키니까요. 요즘 학생들이 아이돌을 보면서 느끼는 감정을, 어린 시절의 저는 승무원에게서 느꼈던 것 같아요. 그래서 실제로 승무원이 된 이후 마주한 '진짜 승무원의 삶'은 저에게 굉장히 충격적으로 다가왔습니다.

일단 비행기 안에서의 승무원은 '서비스를 하는 사람'이기 이전에 항공기 안전요원이었습니다. 첫째도 둘째도 안전, 모든 업무의 우선 순위가 항상 안전 업무더라고요. 완벽한 안전 업무 수행을 위해서 승무원들은 비행기가 실제로 출발하는 시각을 기준으로 두 시간쯤 전에 모여(장거리 비행 기준) 브리핑이라는 걸 했습니다. 테이블 앞에 둘러앉아 회사에서 제공한 업무 매뉴얼 교본을 펼쳐놓고 그날 탑승하는 비행기 기종을 확인하고, 어디에 어떤 안전 장비가 있는지, 탑승구 위치는 어디인지 체크했습니다.

안전에 관한 이야기가 모두 다 끝나고 나면 비로소 서비스 업무 지시가 이어졌죠. 수백 명이 먹을 음료와 식사를 체크하고, 짧게는 한두 시간, 길게는 열 시간 넘게 사용할 각종 비품이 비행기에 넉넉히 실렸는지 확인하는 것도 모두 승무원의 업무였습니다. 각자 그날 담당할 구역과 갤리(식음료를 준비하는 기내 공간)를 배정받고, 승객들이 기내에 탑승하기 전까지 꼭 해야 하는 업무에 관해서도 지시를 받았죠.

저는 막내 승무원이어서 배정되는 일이 늘 '신문 진열대 설치'와 '화장실 체크' 두 가지였습니다. 그중에서도 가장 중요한 건 신문 진열대 설치였는데, 매번 비상구 앞에 던져져 있는 10킬로그램가량 되는 신문 뭉치를 낑낑거리며 이동시켜야 했죠. 기내에 수납되어 있는 조립식 테이

블을 꺼내어 펼치고, 그 위에 신문을 가지런히 놓는 게 저의 일이었습니다(지금은 신문을 보는 사람이 줄어 이 서비스가 없어졌다고 합니다). 이제 와서 생각해보면 참 간단한 업무인데, 군기가 잔뜩 들어간 신입 승무원에게는 이조차 긴장되고 벅찼습니다. 각각의 신문이 놓여야 할 자리가 조금만 바뀌어도 당장에 불호령이 떨어지곤 했으니까요.

승무원들이 먼저 기내에 탑승해 승객을 맞이할 준비를 하는 시간은 평균 이삼십 분 정도로, 정말 촌각을 다툴 만큼 급박했습니다. 만약 기내에 실려야 할 것이 제대로 실리지 않았거나, 실리지 않아야 할 것이 실려 있다면, 바로잡을 기회는 이때뿐이니까요. 승객들이 탑승하기 시작하면 지상직 직원들이 기내로 들어오기는 어려워지고, 그러다 어영부영 탑승이 마무리되고 비행기 문이 닫히면 그때는 그냥 무조건 출발이죠. 그러니 정신을 똑바로 차리고 20분 안에 식사와 음료, 비품과 서비스 물품, 담요와 헤드폰, 화장실에서 사용하는 물의 잔여량까지 몽땅 체크한 후에, 바로잡을 것들을 꼼꼼히 보고해야 했습니다. 스페셜 밀(비건식 등 특별하게 조리된 식사)이 제대로 실리지 않았거나, 담요나 헤드폰 수량이 턱없이 부족한 날에는 그야말로 비상이 걸렸습니다. 승객들이 탑승하기 전까지 모든 상황을 완벽하게 해결해야 하니까요! 그때의 긴장되는 분위기란! 15년이 지난 지금도 그 순간을 떠올리면 손에 땀이 쥐어질 지경입니다.

심각한 저체중이던 저는 이 모든 과정이 끝나고 나면 이미 기진맥진한 상태였습니다. 아직 승객들은 만나지도 못했는데, 힘이 들어서 쓰러질 것만 같은 때가 많았죠. 하지만 현실은, 막내의 대표적인(?) 업무인 '웰컴 인사'를 하러 비행기 앞쪽으로 불려 나가야 했습니다. 웰컴 인사란 가장 높은 지위의 사무장과 연차가 가장 낮은 막내가 함께 승객을 맞이하는 것이었어요. 적게는 백여 명, 많게는 삼백 명이 넘는 승객이 기내로 물밀듯이 밀려드는 동안 탑승권을 확인함과 동시에 환하게 웃으며 인사말을 건네는 시간이었죠. 이미 여섯 시간 전쯤 일어나 공들여 헤어와 메이크업을 하고, 공항버스를 타고 인천공항까지 출근해 본사 건물에서 긴장되는 브리핑을 하고, 하늘 같은 선배들 틈에서 불편하기 짝이 없는 식사를 하는 둥 마는 둥 하며 공항으로 함께 이동해 대기한 다음, 비행기에 탑승해 양손으로 들어 올리기도 버거운 신문 꾸러미를 나르고 화장실 청소까지 마친 막내로서는 그야말로 '지금 내가 웃는 게 웃는 게 아니야' 싶은 심정이었습니다.

게다가 본격적인 '진짜' 노동은 아직 시작되지도 않았죠. 승객들의 탑승이 모두 끝나고 비행기 문이 닫히면, 이륙 준비와 데모(안전 관련 시연)부터, 음료를 나눠주고 치우고, 식사를 나눠주고 치우고, 와인을 나눠주고 치우고, 커피를 나눠주고 치우고, 면세품을 팔고, 잠시 레스트(벙커라고 불리는 승무원들만의 공간에서 휴식하는 것)를 다녀온 뒤, 다시 음료를 나눠주고 치우기를 한 번 더 반복하고, 이것이 끝나면 입국 서류 안내, 착륙 준비, 하기下機 인사를 했습니다. 이게 한 사이클이었죠. 여기에 중간중간 승무원을 부르는 '콜'을 받고, 엉망이 된 화장실을 청소하고, 가끔 만나는 진상 손님들 뒤치다꺼리를 하는 것까지 모두 다 저의 몫이었습니다. 단거리 비행의 경우, 이 과정을 두 시간짜리로 압축해 쉬지 않고 서너 번 반복하면 퇴근 시간이 되었습니다.

　　게다가 승무원이 하는 일 중에 생각했던 것보다 강한 체력이 필요한 것이 너무나 많았습니다. 수십 잔의 음료가 올라간 트레이를 들고 흔들리는 기내에서 중심을 잡으며 걸어다녀야 했고, 백 킬로그램이 넘는다고 알려진 무거운 카트에 기내식을 가득 싣고, 위에는 미역국 서비스를 위한 뜨거운 물주전자까지 두어 개 얹은 채, 마치 팔이

여섯 개 달린 사람처럼 빠르게 움직여야 했지요. 승객이 부탁하면 수시로 무거운 캐리어를 머리 위 선반에 올렸다 내리고, 면세품 판매 시간에 양손 가득 양주와 화장품을 들고 비행기 앞쪽 끝에서 뒤쪽 끝까지 경보로 바삐 다니는 일도 비일비재했죠. 일을 시작하면 두세 시간도 채 되지 않아 곱게 단장했던 헤어와 메이크업이 엉망진창이 되었고, 레스트 이후에 거의 처음부터 새로 하듯이 수정해야만 했습니다.

유니폼에서 땀 냄새가 폴폴 나고, 풀을 먹여 빳빳하게 세운 스카프가 마치 저의 몸과 마음처럼 추욱 늘어질 때쯤이 되어서야 비행기는 땅에 착륙했습니다. 체류지에 도착해 호텔로 이동하는 길은 왜 그리 멀게만 느껴지는지, 호텔방 문을 열면 언제나 팬 위의 버터처럼 몸이 녹아내리는 기분이었죠. 맛있는 조식을 잔뜩 먹고 다시 누워 푹 자고 일어나도 피로는 쉽게 풀리지 않았습니다. 같이 비행한 선배들은 다음 날이면 쇼핑을 다니고 관광지 투어를 하며 체류지에서의 시간을 즐겁게 보내는데, 이미 체력이 바닥까지 고갈된 저는 그런 것들이 하나도 재미있게 느껴지지 않았습니다. 없는 힘을 쥐어짜 투어나 쇼핑을 다녀오면, 한국으로 돌아오는 인바운드 비행은 그야말로 지옥이 되기 일쑤였습니다. 극심한 피로로 인해 순식간에 몸살 기운이 돌고, 목 안이 퉁퉁 부어올라 제대로 목소리를 내기도 어려웠지요. 몸은 아파 죽겠는데 아무 일 없다는 듯 환하게 웃으며 서비스를 하는 게 정말 고역이었습니다. 한국에 도착하면 자취방에서 홀로 며칠을 앓아누워 있다가, 다시 좀비처럼 일어나 다음 번 비행을 가는 상황이 몇 달 동안 지속되었습니다.

그러다 어느 날부턴가 양쪽 볼에 생전 없던 아토피 피부염이 생겼고, 아무리 치료를 받아도 낫기는커녕 점점 더 심해지기만 했습니다. 한국에 올 때마다 피부과를 내 집 드나들듯 다녔습니다. 의사도 이건 자가면역질환이라 특별한 치료법이 따로 없다며 스테로이드 연고만 처방해주었죠. 매일같이 비행을 위해 공들여 메이크업을 해야 하건만 의사는 "메이크업은 되도록 하지 않는 게 좋아요"라는 뜬구름 잡는 소리만 반복했습니다. 하는 수 없이 비행 전에는 기초 화장품 대신 강력한 스테로이드 연고를 환부에 잔뜩 바르고, 그 위에 파운데이션을 겹겹이 얹어 시뻘겋게 성난 피부를 가렸습니다.

또 어느 순간부터는 한번 목이 붓기 시작하면 무서울 정도로 열이 올랐습니다. 평생 겪어보지 못한 증상에 몸시 당황스러웠죠. 비행을 시작할 무렵 목 안이 간질간질하고 붓는 느낌이 든다 싶으면, 착륙해서 하기 인사를 할 때쯤엔 이미 열이 펄펄 나서 등 전체에 식은땀이 흥건할 정도였으니까요. 겨우겨우 퇴근한 뒤에는 심한 오한으로 온몸을 벌벌 떨면서 이를 악물고 샤워하는 날들이 점차 많아졌고요. 병원 여기저기를 전전해보았지만, 의사들은 하나같이 "일이 많이 힘드신가 봐요. 일을 좀 줄이세요"라며 항생제와 스테로이드제, 해열진통제만 잔뜩 안겨주었습니다.

이런 나날이 지속되자 어느새부턴가 생리가 끊겼고, 명치 부근이 점점 돌처럼 딱딱해지는 느낌이 들면서 제대로 밥도 먹지 못하게 되었습니다. 그렇지 않아도 저체중이었는데 나무토막처럼 점점 더 말라만 갔죠. 그토록 원하던 승무원 생활이었는데, 그토록 동경하던 유니폼이었는데, 가슴팍에 달린 윙(승무원에게 지급되는 날개 모양 표식)만 보아도 끓어오르는 열정이 느껴졌는데……. 몸이 견딜 수 없을 만큼 힘들어지자, 그 모든 것이 조금씩 싫어지기 시작했습니다.

'너무 아프고, 너무 힘들어.'

매일 가슴 깊은 곳에서 살려달라는 목소리가 들리는

것만 같았습니다. 나 빼고 다른 동기들은 모두 잘 지내는 것 같은데, 나만 왜 이렇게 버거울까……. 스스로가 한없이 나약하고 한심하게 느껴졌습니다. 아이러니한 사실은, 당시 어딜 가든 "혹시 승무원 아니세요?"라는 질문을 받았다는 겁니다. 키 크고 마른 몸을 '승무원다운 몸'이라고 생각하는 사람이 저뿐만이 아니었던 거죠. 그러나 승무원처럼 보이는 몸은 말 그대로 승무원처럼 보이는 것이었을 뿐, 진짜 승무원 일을 해낼 수 있는 몸은 아니었지요. 저는 결국 1년 만에 백기를 들었습니다. 알레르기성 결막염, 아토피 피부염, 비염, 심각한 소화장애, 생리불순, 급성 편도선염과 함께 동반되는 오한, 발열, 중이염 등으로 몸과 마음이 완전히 지쳐버린 저는 깊은 고민 끝에 퇴사를 결심했습니다.

지금도 가끔은 그때를 떠올리곤 합니다. 그리고 만약 그때 제가 정상 체중이었다면, 만약 운동으로 다져진 건강한 몸을 갖고 있었다면, 혹시 지금까지도 비행을 하고 있지는 않을까 상상해보기도 하죠. 우연히 머리 위로 지나가는 비행기를 보는 날엔 그때 그 시절의 풍경, 냄새, 사람들……, 그 모든 것이 생생하게 떠올라 가슴 한쪽이 아련해지곤 합니다. 이런 걸 보면 제가 승무원이라는 일을 참 많이 사랑했던 것 같아요. 그때 제가 '승무원처럼 보이는 몸'이 아니라 '진짜 승무원의 몸'을 하고 있었다면, 사랑하는 일을 오래오래 재미있게 할 수 있었을 텐데요.

~~~~~~~~~~~~~~~~~~~~

## 고삐가 풀리다

결혼 후, 만 1년이 지나도 아기가 생기지 않았습니다. 간호대에서 배우기를, '피임 없이 만 1년 동안 임신이 되지 않으면 난임이다'라고 했기에, 일단 고민 없이 병원으로 향했습니다.

"양쪽 난관이 다 막혀서 자연 임신이 어렵습니다. 시험관을 해야 할 것 같은데, 혹시 이번 달 스케줄이 어떻게 되세요?"

덤덤한 의사의 말에 정신이 아득해지고 눈물부터 차올랐습니다. 시험관이라고? 내가? 우리 부부는 아직 이십 대밖에 되지 않았는데? 쉽사리 현실을 인정할 수가 없었습니다. 마치 "이번 헤어스타일은 어떻게 해드릴까요?" 라고 이야기하듯 무신경한 의사의 말투에도 영 신뢰가 가지 않았죠. 당장 시술 날짜를 잡자는 말을 뒤로하고, 후들거리는 다리로 병원을 빠져나왔습니다. 주차장에서 남편에게 전화를 거는데, 다정한 목소리를 들으니 참았던 눈물이 쏟아졌습니다. 한달음에 달려온 남편과 저는 말없이 서로를 부둥켜안고 눈물을 흘렸습니다. 사랑하는 사람을 닮은 아이를 낳고 싶을 뿐인데, 남들에게는 너무 쉬운 이 일이 우리에게만은 지나친 욕심인 걸까? 슬프고 억울한 마음이었습니다.

한참을 울며 서로를 위로하고 나니, 어떤 것이 되었든 방법을 모색해야겠다는 생각이 들었습니다. 난관이 양쪽 다 막혔더라도 자연 임신이 되는 경우는 없을까? 당장에 검색부터 시작했습니다. 인터넷에 떠도는 정보를 종합해 보니 '그래도 서울에 가면 뭔가 방법이 있을지도 모르겠다'라는 결론이 나왔습니다. 당시 전라남도 광주에서 신혼살림을 시작한 터라, 서울의 유명하다는 병원을 가려면 큰 결심이 필요했습니다. 광주와 서울을 오가는 비행기는 하루에 딱 두 편뿐이었고, 이제 막 살림을 시작한 신혼부부에게는 교통비도 꽤 부담이 되었죠. 하지만 일단은 도

전해보기로 했습니다. 그렇게 일주일에 두 번, 아침 첫 비행기로 서울에 가서 진료를 받고, 저녁 비행기로 광주에 돌아오는 생활이 시작되었지요.

뜻이 있는 곳에 길이 있다고, 서울의 병원에서는 "아직 젊고, 자궁과 난소의 상태도 좋으니, 난관을 개통하는 수술을 해서 자연 임신을 시도해보자"라는 제안을 받았습니다. 수술 날짜를 잡고, 복강경을 통해 생리식염수로 막힌 난관을 뚫고, 회복을 하기까지의 과정이 일사천리로 진행되었습니다. 수술 자리가 아물자마자 의사는 과배란을 통한 임신 시도에 대해 설명했습니다. 난포를 한꺼번에 여러 개 성장시켜 임신에 성공할 가능성을 높이는 방법이었죠. 난포를 여러 개 키우기 위해서는 매일 배에 호르몬 주사를 맞아야 했는데, 그렇다고 병원에 매일 올 수는 없으니 간호사가 집에서 자가 주사하는 방법을 알려주었습니다. 볼펜처럼 생긴 주사기 앞쪽 뾰족한 부분을 배에 찌른 다음 뒷부분을 꾹 누르면 차가운 액체가 피부 속으로 쑤욱 밀려 들어왔습니다.

과배란 과정 중에는 주사를 맞는 것만큼이나 중요한 게 있는데, 바로 산책이었습니다. 하루에 삼사십 분 정도 걸으면 난포를 빠르게 성장시키는 데 좋으니 꼭 시간을 내 운동하라는 지시가 떨어졌죠. 산책이라는 건 분명 쉽고 간단한 활동이지만, 그때의 저에게는 너무나 가혹하고 고통스러웠습니다. 공원으로 오가는 길에는 왜 이리 임산부가 많은지! 동네 사람들이 운동하는 천변에도 아장아장 걷는 돌쟁이 아기를 데리고 나와 행복하게 웃고 있는 여자들이 천지였죠. 저도 모르게 그 모습을 한참 물끄러미 바라보다 문득 마음속 깊은 곳에서 울컥하고 뜨거운 무언가가 치미는 것 같을 때가 많았습니다. 가끔은 저도 모르게 그들 중 한 명에게 다가가 "혹시 어떻게 임신하셨어요?"라고 묻고 싶은 충동에 사로잡히기도 했습니다. 온 세상에 나만 빼고 모두가 쉽게 임신하고 출산하는 것만 같은 느낌에 절로 어깨가 움츠러들었습니다. 머릿속을 헤집는 온갖 부정적인 생각과 감정을 겨우 추스르며 집에 도착하면 현관문을 채 닫기도 전에 이미 눈물이 쏟아지곤 했지요.

난임 병원이라는 곳은 처음부터 끝까지 기다림의 연속이었습니다. 고작 이삼 분 남짓 의사와 이야기를 나누기 위해 한 시간 넘게 대기실에 앉아 순서를 기다렸습니다. 새벽부터 일어나 준비하고 공항으로 이동해 비행기를 타고, 김포공항에 내려 지하철로 병원까지 이동하느라 진이

다 빠져버린 저는 삶아놓은 빨래처럼 대기실 의자에 걸쳐진 채로 길고 긴 기다림의 시간을 견뎠습니다. 앉을 자리가 없을 정도로 북적이는 대기실에는 다양한 사람들이 자기 차례를 기다리고 있었습니다. 이 많은 사람들 모두 아기를 갖고 싶다는 하나의 뜻으로 여기에 있는 거라 생각하면 조금은 위안이 되면서도, 끝도 없는 좌절감과 열등감이 수시로 엄습했습니다.

'이 사람들이 모두 임신할 때 나만 못 하면 어떡하지? 나는 과연 임신이라는 걸 할 수는 있는 걸까?'

정말 운이 좋게도, 그 후 얼마 지나지 않아 저는 꿈에 그리던 임신을 하게 되었습니다. 너무나 염원했던 일이었기에 임신 초기에 심한 입덧으로 고생을 하면서도 내내 감사하고 행복하기만 했죠. 임신 19주 정도가 되자 입덧이 서서히 가라앉았고, 평소처럼 음식을 먹을 수 있었습니다. 20주가 넘어가면서부터는 스스로 놀라울 정도로 급격하게 입맛이 당기기 시작했고요. 어떤 음식 하나가 머릿속에 딱 떠오르면 지금 당장 먹고 싶다는 욕구가 엄청나게 강해지고, 결국 그 음식을 배불리 먹어야만 직성이 풀렸습니다. 평생 처음 겪어보는, 저 스스로도 이해할 수 없는 희한한(?) 증상에 처음에는 적잖이 당황했지만, '난

임산부니까 괜찮아!'라며 생각나는 음식들을 그때마다 양껏 챙겨 먹으며 즐겁게 지냈습니다.

임신 기간에는 마치 '임산부 프리패스' 같은 걸 가진 사람처럼 아무런 죄책감 없이 마음껏 먹을 수 있었습니다. 평생 발목을 붙잡고 있던 다이어트에 대한 족쇄가 풀린 것처럼 자유롭게 느껴지더라고요. 혼자서 음식점에 가도 자연스럽게 2인분을 시키고, 남편과 고깃집에서 1차를, 집으로 돌아오는 길에 우동집으로 2차를 가는 식이었습니다. 하루에 수박을 반 통씩이나 혼자 먹어치우는 바람에 퇴근한 남편이 식탁 위에 수북이 쌓인 새까만 '수박씨산'을 보고 깜짝 놀라는 해프닝도 더러 있었죠. 어린 시절에 친정 엄마가 해주던 음식이 떠오르면 어떻게든 레시피를 찾아내 산더미처럼 만든 다음, 그 자리에서 전부 먹어치웠습니다.

하루가 다르게 살이 불어나는 게 눈에 보였지만 임신했으니까 괜찮다고 넘겨버렸습니다. 얼마나 힘들게 한 임신인데, 이 정도 특권쯤 누리는 게 뭐 어때, 하는 심정이었죠. 무엇보다 임신이라는 건 일정 기간의 특수한 상황이니까, 이 기간만 끝나고 나면 다시 예전의 몸으로 쉽게 돌아갈 수 있다고 생각했던 것 같아요. 그렇게 열 달 동안 원없이 먹고 마시며 행복한 임산부로 살았습니다.

꿈속을 거니는 것만 같던 행복한 열 달이 지나고 출산을 하고 나자, 저는 다시 냉엄한 현실을 마주해야 했습니다. 출산 다음 날, 분명히 뱃속에서 아기와 태반이 모두 빠져나왔는데, 이상하게도 저의 커다란 배는 납작해질 기미가 보이지 않았습니다. 윗도리를 가슴팍까지 걷어 올리고, 거울을 요리 보고 조리 보며 고민에 빠졌습니다.

'아니, 원래 출산하고 나면 다시 제자리로 돌아와야 하는 것 아니야? 계속 배가 안 들어가면 난 어떡하지?'

임산부 프리패스 유효 기간이 만료되어 다시 예쁘고 날씬한 몸으로 돌아가야 할 시간인데, 제 몸과 제가 처한 상황은 임신 전과는 완전히 달라져 있었습니다. 체중은 잔뜩 불어났고, 분만 중에 힘주기를 잘못하여 승무원 일을 할 때 생긴 허리 디스크가 심해진 상태였죠. 무릎과 손목이 수시로 시큰거리고, 틈만 나면 등에 담이 결렸습니다. 갓난아기를 돌보는 일은 또 어찌나 힘이 드는지! 젖을 먹이고, 기저귀를 갈고, 잠을 재우기를 두 시간 간격으로 쉴 새 없이 하느라 정작 저는 제대로 먹지도, 자지도, 씻지도 못하게 되더라고요. 초췌해진 몰골로 저녁때까지 버티다가 아기가 잠들면 기다렸다는 듯 야식을 잔뜩 시켜 폭식하고는 쓰러지듯 잠들기 일쑤였죠.

그렇게 시간이 흐르고, 출산 후 1년이 넘은 시점에도 체중은 여전히 임신 전보다 17킬로그램이 늘어난 상태 그대로 머물러 있었습니다. 임신 전에 입던 옷은 전부 맞지 않았고, 몇 번의 옷장 정리를 통해 대부분 처분해버렸죠. 44/55 사이즈의 손바닥만 한 옷과 레이스 가득한 빅토리아 시크릿 속옷을 잔뜩 버리고 나니 마음이 너무나 심란해졌습니다.

'내가 다시 이런 옷을 입을 수 있을까?'

바람 빠진 타이어처럼 축 늘어진 뱃살에, 엉덩이와 허벅지를 뒤덮은 얼룩덜룩한 튼살을 보면 한숨만 나왔습니다. 천사 같은 아기를 보면 세상 모든 근심 걱정이 일순간에 날아가는 것 같으면서도, 예쁜 아기와 대조되는 '뚱뚱하고 매력 없는 여자'가 되어버린 것 같아 스스로가 초라하게 느껴졌죠.

그렇다고 아기가 태어난 마당에 계속해서 펑퍼짐한 임부복을 입고 다닐 수만은 없어서, 어느 날에는 큰맘 먹고 쇼핑을 하러 나섰습니다. 당시의 제 몸은 여성복 사이즈로 77/88 정도였는데, 제가 매장에 들어서자 누구 하나 저에게 관심을 보이는 직원이 없었습니다. 55 사이즈일 때는 입구 근처만 가도 직원들이 한달음에 달려나와 "어떤 것 찾으세요? 마음에 드시면 한번 입어보세요"라며 들어오길 권했는데 말이에요. 투명 인간 취급에 속상했지만, 최대한 의식하지 않으려고 애쓰며 매장을 둘러보았습니다. 당시 데님 재킷이 한창 유행이었는데, 매장 몇 곳을 돌아다닌 끝에 겨우 제 몸에 들어갈 만한 사이즈의 데님 재킷을 발견했습니다. 목덜미 부분에 'M'이라고 적힌 걸 확인하고 "저 이거 한번 입어볼게요"라고 말했습니다. 그러자 매니저급으로 보이는 직원이 다가오더니 옷을 제 손에서 휙 낚아채 가는 게 아니겠어요? 순간 기분이 나빴지만 '단추를 풀어서 내가 입기 편하게 해주려는 거겠지' 생각하던 찰나, 그가 알바생으로 보이는 어린 직원을 향해 옷을 흔들어대며 "야! 이거 보나 마나 안 맞아. 창고 가서 라지 사이즈 가져와!"라고 큰 소리로 외치더라고요. 제 얼굴은 순식간에 벌겋게 달아올랐고, 함께 갔던 친구도 당황해서 어찌할 바를 몰라 했습니다.

슬프게도 알바생이 가져온 라지 사이즈 재킷은 맞춤옷처럼 저에게 잘 맞았습니다. M 사이즈는 턱없이 작을 거라는 매니저의 판단은 정확했죠. 거울을 보고 있자니 예쁜 데님 재킷을 입은 커다란 코끼리 한 마리가 서 있는 것 같았습니다. 그때의 기분을 어떻게 표현해야 할지 모르겠지만, 이미 마음이 상할 대로 상해버린 저는 계산대에 옷을 내려놓고 조용히 매장을 빠져나왔습니다. 언젠가 반드시 이 매장에 다시 와서 스몰 사이즈 옷을 살 거라고 되뇌면서 말이에요.

그 후로 한동안은 그 매장 앞으로 지나다니지 못했습니다. 브랜드 간판만 보아도 숨고 싶은 심정이었습니다. '무례했던 것은 내가 아니라 그 사람인데, 왜 내가 피해야하지?'라고 생각하면서도, '뚱뚱한 내가 잘못이지. 역시 절대로 살찌면 안 되는 거였어. 살찌니까 무시당하는 게 당연해'라며 스스로를 갉아먹는 생각 속으로 한껏 몸을 웅크렸습니다.

# 꼭 백 프로 현미만 드세요

'데님 재킷 사건'은 임신 이후 잠시 잊고 있었던 '절대로 살찌면 안 돼'라는 강박을 순식간에 제자리로 돌려놓았습니다. 저는 다시 무언가에 홀린 사람처럼 매일 같은 시간에 체중을 재고 수시로 거울을 들여다보며 푹 퍼져버린 아줌마 같은 몸을 저주하기 시작했습니다. 반드시 아가씨 때의 몸매로 돌아가고야 말겠다는 생각에 사로잡혔죠.

그 무렵 건강검진을 통해 당뇨 직전 상태라는 진단을 받으면서, 이런 생각은 더욱 단단히 뿌리를 내렸습니다. 사실 친가 쪽으로 대대로 당뇨 가족력이 있던 터라, 의사로부터 "현재 체중도 정상 범위이고 가족력 때문에 생긴 병이니, 수치가 더 나빠지면 약으로 치료해보죠"라는 소견을 들었습니다. 하지만 제 머릿속은 온통 '이번 기회에 살을 왕창 빼면 혈당 수치도 다시 좋아질 거야! 얼른 17킬로그램을 다 빼버려야지!'라는 생각뿐이었습니다. 그때부터 본격적으로 '혈당 다이어트'에 돌입했습니다. 일단 혈당측정기부터 구입한 다음, 평소에 먹던 음식으로 혈당 체크를 하기 시작했지요. 여느 때와 다름없이 칼국수나 떡볶이, 라면, 쌀밥 같은 것을 먹고 테스트를 해보면, 측정기가 고장 난 게 아닐까 싶을 만큼 수치가 높게 나왔습니다. 당황스럽고 두려웠지만, 앞으로 혈당이 오르지 않는 음식만 골라 먹으면 살은 저절로 빠지겠다며 스스로를 안심시키려 노력했습니다.

그 후로 몇 달에 걸쳐 '습관 성형'을 해나갔습니다. 아기에게 간식을 먹이고 남으면 제가 먹어치우던 습관, 아기가 낮잠 잘 때 혼자서 야금야금 과자나 빵을 먹던 습관, 남편과 술을 마시며 신나게 야식을 즐기던 습관을 점진적으로 없앴습니다. 식사량은 3분의 2 정도로 줄였고, 가족과 별도로 제 밥은 현미밥으로 따로 지었습니다. 처음에는 백미와 현미를 섞어서 먹었지만, 현미 비율을 점차 늘려서, 나중에는 백 퍼센트 현미를 먹기 시작했지요. 식사량을 많이 줄여서 변비가 생겼을 때, 현미의 식이섬유질 덕분에 화장실을 자주 가서 너무 좋더라고요. 그렇게 드라마틱한 습관 변화와 식단 제한을 통해 혈당은 나날이 안정되어갔고, 체중도 점차 줄어들었죠.

체중계의 숫자 변화를 눈으로 확인하다 보니, 제 마음 속 깊이 내재되어 있던 '병전 성격'이 또다시 꿈틀댔습니다. 숫자가 점점 줄어들고, 마침내 앞자리가 6에서 5로 바뀌면서, 저는 '다시 예전의 몸으로 돌아갈 수 있겠다!'라며 흥분하기 시작했죠. 55 사이즈로 돌아갈 수 있다니! 정말 꿈만 같았습니다. 가뜩이나 줄어든 식사량을 줄이고, 더 줄이고, 최대한 줄여서, 마침내는 거의 죽지 않을 만큼만 먹었습니다. 지금 돌이켜보면 어떻게 스스로에게 그토록 가혹할 수 있던 걸까 싶을 만큼 식사량을 줄였고, 그렇게 단 5개월 만에 17킬로그램 감량에 성공했습니다.

그런데 순식간에 체중을 감량하고 나자 몸이 마치 바람 빠진 풍선처럼 흐물흐물해졌습니다. 감량하는 중에도 운동은 전혀 하지 않아서 가뜩이나 얼마 없던 근육도 체지방과 함께 사라진 상태였죠. 아이와 번갈아가며 감기에 걸리고, 평생 겪어본 적 없던 지독한 장염에 시달렸습니다. 난생처음 독감에 걸려 몇 주씩 앓아눕기까지 하니, 그제야 '나도 이제 운동이라는 걸 좀 해봐야 하나?' 싶더라고요. 때마침 집 앞에 새로운 필라테스 센터가 문을 열었고, 이건 운명이 아닐까 기꺼워하며 등록을 했습니다. 그렇게 우연히 마주하게 된 필라테스와의 기나긴 인연이 본격적으로 시작된 것이죠.

운동을 시작한 지 단 3개월 만에 놀라운 일이 일어났습니다. 출산을 하면서 심해졌던 디스크 통증이 깨끗이 사라지고, 난생처음으로 배에 11자 복근이 생겼죠. 놀랍고 신기한 마음에 '나는 앞으로 이 운동은 평생 해야겠다'라고 결심했습니다. 필라테스의 매력에 푹 빠져 헤어 나오지 못하게 되었을 때쯤, 마침 제가 다니던 센터가 강사 양성 교육기관이기도 하다는 사실을 알게 되었습니다. 어차피 평생 해야 할 운동이라면 아예 지도자 자격증을 따는 것도 괜찮겠다 싶어 본격적으로 강사 교육을 받았습니다. 약 1년여에 걸친 트레이닝을 마치고 마침내 필라테스 강사가 되었을 때는 너무나 뿌듯하고 감격스러웠습니다. 승무원 이후 커리어에 긴 공백이 있었고, '내가 다시 사회생활을 할 수 있을까?' 하는 남모를 걱정과 두려움이 수년 동안 저를 그림자처럼 따라다니고 있었거든요. 정말로 오랜만에 가슴팍에 명찰을 달고, 내 이름 석 자가 떡하니 적힌 명함을 받고, 내 자리가 있는 사물함을 안내받으며, 저는 그저 한없이 기쁘고 행복했습니다.

키가 크고 마른 몸은 확실히 필라테스 강사라는 직업에 참 유리한 조건이었습니다. 일을 시작한 지 몇 달도 채 되지 않은 병아리 강사였는데도, 저의 신체 조건만 보고 무한한 신뢰를 보이는 회원들이 많았으니까요.

"필라테스하면 쌤처럼 될 수 있나요?"

"쌤처럼 되고 싶어서 재등록했어요!"

회원들의 이야기에 기분이 좋으면서도, 한편으로는 '이 일을 하려면 무조건 이 몸을 계속 유지해야겠구나'라는 압박감이 묵직하게 다가왔습니다. 몸에 대한 칭찬을 많이 들을수록, 아이러니하게도 저는 제 몸에 만족하고 감사할 수가 없었습니다. 오히려 더욱 엄격한 잣대로 저 스스로를 평가하고, 더욱 마른 몸에 집착하게 되었죠. 그때의 저는 레슨을 잘하는 것만큼이나 예쁘고 날씬한 몸을 보여주는 게 강사의 '실력'이라고 굳게 믿었거든요.

'마른 몸에 대한 집착'은 필라테스 강사로 자리를 잡으면서 저에게는 하나의 무기로 자리매김했습니다. 당시의 저는 누구에게나 인정받을 만큼(?) 마른 몸을 갖고 있었고, 어떻게 하면 이 정도로 마른 몸을 만들 수 있는지에 대한 확실한 노하우가 있었으니까요. 살을 빼고 싶어 하는 회원을 만나면, 저는 마치 물 만난 물고기처럼 방법론을 읊어댔고, 그중에서도 특히 제가 체중 감량에 성공했던 방법인 '백 프로 현미' 예찬론을 펼쳤습니다.

"백 프로 현미만 먹으면 아주 무서울 정도로 살이 빠진다니까요. 살 빼는 거, 하나도 힘들지 않아요!"

약장수 말투로 능청스럽게 말도 안 되는 주장을 하면서, 그동안 몇 번이고 다이어트에 실패해온 회원들이 보내는 선망의 눈빛에 기분이 우쭐해지곤 했습니다. 결혼을 했고 아이도 있다는 점은 저의 궤변에 더욱 힘을 실어주었습니다. 신규 회원들 대부분 저를 보고 미혼일 거라 추측했는데, 시간이 지나 제가 애엄마라는 사실을 알게 되면 "앞으로는 선생님이 시키는 대로 먹고, 운동하고, 다 할게요"라며 무한한 신뢰를 보내주었죠. 사실 극도로 마른 몸을 유지하느라 이미 집안일과 아이 양육에 심각한 지장이 생긴 상태였지만, 모든 문제를 현관 안쪽으로 꾸역꾸역 밀어넣고 두꺼운 현관문을 닫아버리면 아무도 제 민낯을 알지 못했습니다. 계속되는 칭찬과 선망이 너무나 달콤했던 나머지, 저는 저만이 진실을 알고 있는 은밀한 가면 놀이를 멈출 수가 없었습니다.

하루는 오래전 회원이었던 분에게 문자 메시지를 받았는데, 문자의 내용은 대략 이러했습니다.

'선생님, 안녕하세요. 우연히 길에서 선생님을 보았는데 너무 날씬하셔서 아가씨 같았어요. 저는 선생님이 미혼인 줄 알았는데, 옆에 다 큰 아이를 데리고 계셔서 깜짝 놀랐답니다! 선생님 모습을 보니 저도 다시 필라테스를 하러 가고 싶은 마음이 들어요. 그런데 제가 요즘 일이 바빠서 운동하러 갈 시간은 안 되고……. 혹시나 선생님께 식단에 관한 조언이라도 받을 수 있을까 해서 연락드려봅니다.'

문자를 본 저는 마치 그간의 제 노력을 인정받은 듯한 느낌에 아주 신이 났습니다. 매일같이 회원들에게 설파하고 다니는 '백 프로 현미의 기적'에 대해 또다시 문자로 잔뜩 떠들어댔지요. 식사량은 절반으로 줄이고 활동량은 두 배로 늘려야 한다고, 배고픔을 친구처럼 여겨야 한다고도 했습니다. 이렇게만 하면 날씬해지는 것은 시간문제고, 누구든 할 수 있는 쉬운 일이라 강조하고 또 강조했죠. 저의 긴 답장을 받은 그녀는 연신 감사하다며, 소중한 노하우를 공유해줘서 고맙다고 했습니다. 지금의 바쁜 상황만 마무리되면 다시 운동하러 나가겠노라고, 센터에서 곧 만나자는 말도 덧붙였어요.

하지만 그 후로 그녀를 다시 보지는 못했습니다. 만약 제가 보냈던 문자 내용을 실제로 실행에 옮겼다면 제가 그랬던 것처럼 심각한 영양결핍으로 인해 건강에 문제가 생겼을 테고, 실행하지 않았다면 혹시나 "지금 이런 비현실적인 솔루션을 나한테 해보라고 권하는 거야? 이런 사람이 무슨 전문가람!" 하고 무시했을지 모르니, 우리가 다시 만날 수 없었던 건 어쩌면 당연한 노릇이었겠죠.

그런데 시간이 흘러 제가 마른 몸에 대한 집착을 버리면서부터 희한한 일이 벌어졌습니다. 이미 수년 전에 메신저로 잠깐 나누었던 이 평범하기 그지없던 대화가 잊을 만하면 한 번씩 떠올라 한참을 머릿속에 머무는 게 아니겠어요?

처음에는 '내가 왜 자꾸 오래전의 대화를 곱씹는 거지? 그때 그분이 내 조언을 듣고도 센터로 오지 않아서 내가 속으로 많이 아쉬웠던 건가?' 싶었지요. 하지만 시간을 들여 가만히 제 내면을 들여다보니, 그때의 대화를 자꾸만 반추하는 근본적인 이유는 바로 '죄책감'이더라고요. 몸에 대한 관념이 바뀌면서, 제가 마음속 깊이 그분에게 미안해하고 있었다는 사실을 깨달았습니다.

그녀는 유독 근육은 잘 생기지 않지만 유연성은 매우

좋은, 쉽게 말해 '여성 호르몬이 많은 몸'이었습니다. 자녀 셋을 모두 두 살 터울로 낳은 데다 아직 아이들의 나이도 어려 엄마의 손길이 많이 필요했고, 거기에 살림은 물론 일까지 하느라 몸이 다섯 개여도 부족할 듯 보였죠. 많은 역할을 감당하다 보니 체력적으로 힘이 달려 식사량이 점점 늘었고, 셋째를 임신했을 때 쪘던 살이 잘 빠지지 않는다며 속상해했더랬어요. 몇 달간 수업에 열심히 나오던 그녀는, "운동을 하니 오히려 입맛이 당기고 식단 조절이 더 안 되는 것 같네요. '근육돼지'가 되고 싶지는 않아요"라며 어느 날 센터를 그만두었습니다. 그 후에 '길에서 쌤을 봤다'라는 문자를 받기 전까지, 솔직히 저는 그녀에 대해서 까마득히 잊고 있던 참이었습니다.

어린 자녀 셋을 키우는 워킹맘에게, 살을 빼는 건 너무나도 쉬운 일이고 당신도 이렇게만 하면 얼마든지 마른 몸이 될 수 있다고 말한 것은, 무지와 무례를 넘어 거의 언어 폭력에 가까웠습니다. 비만을 진단받은 것도 아닌, 그저 통통한 편인 여성이 "살이 쪄서 고민이에요"라고 말할 때 한 치의 망설임도 없이 "백 프로 현미를 드세요!"라고 외쳤던 그때의 제가 한없이 부끄럽게 느껴집니다. 만약 지금의 저라면 그때의 질문에 이렇게 답했을 것 같아요.

"회원님, 아이를 셋이나 키우면서 회사일과 집안일까지 하는 건 정말 대단하신 거예요. 맡고 있는 역할이 많기 때문에, 몸이 지금처럼 바뀐 게 당연합니다. 만약 지금 저처럼 마른 몸을 갖게 되면 건강과 활력을 잃을 가능성이 높고, 그렇게 되면 회원님에게 소중한 것들을 잃을 수도 있어요. 마른 몸을 갖는다는 게, 55 사이즈가 된다는 게, 그 정도로 가치 있는 일일까요?"

# 놀이터 여신의 실체

처음 필라테스 강사가 되었던 것은 이제 막 서른을 넘긴 때였습니다. 지금 와서 생각해보면 참 어린 나이였는데, 그때의 저는 새로운 직업에 도전하기에는 너무 나이가 많다고 굳게 믿고 있었습니다. 이십 대 초중반의 파릇파릇한 강사들과 경쟁하려다 보니, 나이에 대한 중압감이 너무나 크게 다가왔죠. 밀리지 않기 위해서는 무조건 젊고, 예쁘고, 말라 보여야만 한다고 생각했습니다. 단발이던 머리카락을 길게 기른 다음, 더 풍성해 보이도록 굵은 웨이브의 파마를 하고, 잘나가는 요가복 브랜드 몇 개를 즐겨찾기 해놓고는 신상품이 나왔는지 하루에도 몇 번씩 모니터링했습니다. 그러다 제게 어울리는 착장을 발견하면 비싸더라도 과감히 구입했습니다. 강사 시급으론 감당하기 어려운 고가의 옷이더라도 예쁘고 날씬해 보여야 한다는 일념 아래 일단 지르고 보았죠. 강사들 사이에서 "다은 쌤은 마치 옷 사려고 레슨하는 것 같아요"라는 말이 나돌 지경이었습니다.

메이크업에도 항상 공을 들였어요. 한 살이라도 어려 보이기 위해 최신 유행하는 기초 화장품을 사서 꼼꼼히 바르고, 매끈한 피부 표현을 위해 값비싼 파운데이션도 주저하지 않고 구입했습니다. 파운데이션을 사면 그걸 얼굴에 펴 바를 브러시가 필요해졌고, 브러시를 사면 그걸 세척할 브러시 클렌저를 사고 싶어졌습니다. 월급은 쥐꼬리만 한데 사고 싶은 것은 항상 넘쳐나니 통장 잔고와 함께 기분도 바닥으로 가라앉는 날이 많았습니다.

'이것만 있으면 진짜 완벽할 텐데.'

그맘때의 저는 늘 이렇게 생각했던 것 같아요. 이 아이새도만 사면 내 메이크업이 완벽해질 텐데, 이 헤어에센스만 사면 내 머릿결이 완벽해질 텐데, 이 레깅스만 사면 내 근무복 패션이 더 완벽해질 텐데, 하고 말이에요. 하지만 현실은 그와 좀 달랐습니다. 그토록 욕망하던 것을 구입하고 나면 '완벽하다'라는 느낌은 순식간에 제 곁을 스쳐 지나가버리고, 단 며칠도 되지 않아 저는 또 다른 것이 사고 싶어졌습니다. 정신없이 바쁜 하루가 끝나고 나면, 조용히 아이를 재우는 척하며(?) 잠들기 직전까지 눈을 부릅뜨고 각종 쇼핑몰 홈페이지를 샅샅이 훑는 게 중요한 일과였습니다. 언제나 '나는 너무 부족해' '나는 완벽하지 않아'라고 느꼈고, 화장품이나 옷, 신발이나 가방을 구입하고 나면 그 느낌이 아주 잠깐 해소되었다가 금세 다시 무언가를 사고 싶어졌습니다.

어리고 아름다운 강사들 사이에서 살아남기 위해서는 외모 이상의 것도 필요했습니다. 그저 예쁘고 날씬한 것만으로는 경쟁에서 이기기란 역부족이라고 생각했기에, 저만의 필살기를 만들 공부를 시작했습니다. 간호학 전공이긴 했지만 필라테스 강사에게 꼭 필요한 근육학에 관해 심도 있게 배운 적이 한 번도 없어서, 가장 쉬운 수준의 근육학 책부터 사서 천천히 읽어나갔죠. 공부를 하다 보니 수업의 질이 조금씩 높아지는 게 느껴졌고, 어느 날부턴가 회원들로부터 "다은 쌤 레슨은 뭔가 달라요"라는 평을 들었습니다. '그래, 이거다' 싶었죠. 시간이 흐르면서 저는 점점 난도 높은 책을 섭렵해나갔고, 세계적으로 유명한 운동역학 서적이나 의대생들의 교과서에까지 손을 뻗었습니다. 그렇게 몇 년이 흐르자 꾸준히 축적해온 지식이 머릿속에 마치 하나의 구조물을 형성하는 듯한 느낌이 들었지요. 일종의 지식 저장 창고 같은 것이 제 안에 만들어져서, 검색어만 입력하면 원하는 내용이 바로 출력되는 수준에 이르렀습니다.

이렇게 되기까지 절대적으로 필요했던 것은 그 무엇도 아닌 '시간'이었습니다. 저에게 주어진 시간은 언제나 한정적이었고, 그 시간 안에 촘촘히 짜인 레슨 스케줄을 소화하면서 틈이 나는 대로 공부해야 했습니다. 강사실 한쪽에 전공서적을 쌓아놓고, 공강 시간만 되면 부리나케 달려가 책장부터 펼쳤습니다. 밥을 먹으면서도, 길을 걸으면서도 해부학 용어를 외웠죠.

열심히 사는 저를 보며 남편과 양가 부모님, 친구들은 "다은아, 너 정말 대단하다"라고 치켜세워주었지만 아이만큼은 예외였습니다. 아이는 본능에 충실하게, 본인이 원하는 모든 것을 당당하게 요구했습니다. 온종일 어린이집과 유치원에 갇혀 있던 녀석은 집에 가는 길에 놀이터를 그냥 지나치는 법이 없었습니다. 짧으면 삼십 분, 길면한 시간이 넘도록 놀이터에서 땀이 뻘뻘 나도록 뛰어놀아야 직성이 풀리는 듯했지요. 빨리 집에 가서 쉬고 싶은 마음이 굴뚝같았지만 하원시키러 가면 눈이 마주치자마자 "엄마, 놀이터!"부터 외치는 아이에게 실망감을 안겨줄 수는 없었습니다.

처음에는 여느 엄마들처럼 놀이터 한쪽에 있는 벤치에 앉아 아이가 노는 모습을 지켜보았습니다. 하지만 이내 지루하고 답답해졌습니다. 이렇게 멍하니 시간을 때우기보다는 어떻게든 알차게 활용해야겠다는 생각이 들었죠. 마른 몸을 유지하기 위해 아침도 점심도 거의 먹는 둥마는 둥 한 상태였지만, 아이가 놀이터에서 노는 동안 저도 무조건 몸을 움직이려고 노력했습니다. 간단한 스트레칭을 하거나 필라테스 스탠스(엉덩이와 아랫배에 힘을 주고 척추를 쭉 펴고 서는 자세)로 서서 오늘 했던 공부를 가만히 복기했습니다. 배에서는 연신 꼬르륵 소리가 났지만 늘 회원들에게 이야기하듯, "배고픔을 친구처럼 여겨야 한다"라고 스스로 되뇌었죠.

어찌저찌 한 시간여를 버티고 집으로 돌아오면 그때부터 본격적인 고행이 시작되었습니다. 쓸 수 있는 기운을 다 써버린 상태라 현관에서부터 이미 쓰러질 것만 같았습니다. 남아 있는 에너지를 그러모아 아이를 씻기고 제 몸까지 씻고 나면, 정말로 잔여 배터리가 0퍼센트에 이른 느낌이 들었죠. 거의 기어가듯이 침대 위로 가 몸을 누이고 나면 도저히 저녁밥을 차릴 힘이 남아 있지 않았습니다. 그저 반찬가게에서 사 온 것들을 전자레인지에 데우고 쌀을 씻어서 밥만 하면 되는데, 그럴 힘조차 없을 때가 많았습니다. 이른 아침부터 열두 시간 가까이, 음식을 거의 먹지 않은 채로 움직였으니 당연했죠.

169센티미터에 51킬로그램. 제 마음에 쏙 드는 체중을 유지하고 있었기에, 살을 좀 찌워봐야겠다는 생각은 추호도 들지 않았습니다. 이런 제 마음과는 달리, 매일매일 에너지를 완전히 방전하며 살다 보니 자꾸만 몸이 아팠습니다. 자주 감기에 걸렸고, 툭하면 몸살이 나서 주말 내내 앓아눕는 일도 많았죠. 남편은 골골거리는 저를 뒤로하고, 틈만 나면 아이를 데리고 놀이동산이나 공연장, 영화관 등에 다녔습니다. 그맘때의 사진은 전부 남편과 아이, 단둘이 찍은 것들뿐이었죠. 한번은 둘이서 놀이동산에 갔다가 캐리커처를 그려 왔더라고요. 남편과 아이, 단둘이 그려져 있는 캐리커처를 보고 있자니 묘하게 불편한 감정이 올라왔습니다. 캐리커처가 완성되기까지 한참을 화가 앞에 앉아 있었을 텐데, 도대체 아이는 그림이 그려지는 동안 무슨 생각을 하고 있었을까? 남편은? 또 화가는? 애는 왜 엄마 없이 아빠랑만 왔을까 하고 생각하지는 않았을까? 무안하기도 하고 또 미안하기도 했습니다. 한편으론 남편을 향한 원망이 샘솟기도 하더라고요. 왜 굳이 이런 델 데려가서, 또 왜 굳이 이런 걸 그려 와서 나를 속상하게 하나……

몸은 툭하면 아프고 주말에도 누워만 지내니 집안 꼴은 엉망이고, 남편과 아이에게도 미안하기만 한 나날이 계속되었지만, 저는 도저히 마른 몸을 포기할 수 없었습니다. 살이 쪄서 아줌마 같아 보이기 시작하면, 필라테스 강사로서도 실패하고, 사람들이 저를 비난하거나 조롱할 것만 같은 느낌에 시달렸습니다. 건강과 행복이라는, 어쩌면 인생에서 가장 중요한 두 가지를 모두 놓치고 있다는 사실을 뻔히 알면서도, 양손 가득 움켜쥔 허황되고 부질없는 불안과 왜곡된 신념을 내려놓지 못했습니다.

아이러니하게도 제가 느끼는 고통이나 불행감과는 반대로, 집 바깥에서의 인생은 승승장구 그 자체였습니다. 센터에서는 '가장 인기 많은 강사'로 불리며 매일같이 회원들의 선물 세례를 받았고, 후배 강사들이 하도 저만 따르다 보니 운영진 눈 밖에 날 지경이었죠. 동네에서 친하게 지내는 아이 엄마들이나 오랜만에 만난 친구들도 "요즘 정말 예쁘다"라며 칭찬을 아끼지 않았습니다. 사실은 너무 힘든데, 하루하루 완전히 방전되는 기분이고 아침이 오는 게 두려운데, 귀에서는 자주 이명이 들리고 위장은 돌처럼 딱딱하게 굳어가는 것 같은데, 종종 어지럽고 토할 것 같은데, 그래서 음식도 제대로 먹지 못하고 말라가고 있는데…… 이런 속사정은 거짓말처럼 완벽하게 감춰지고, 다들 그저 겉으로 보이는 모습에만 찬사를 보내니, 참 기가 막힐 노릇이었습니다.

하루는 여느 때와 다름없이 하원 후에 놀이터를 거닐고 있는데 처음 보는 아이 엄마가 다가오더니 어리둥절해하는 제게 조심스럽게 말을 걸어왔습니다.

"안녕하세요. 저기……, 같은 유치원 보내는 ○○ 엄마예요. 사실 저희가(손끝으로 엄마들 무리를 가리키며) 예전부터 계속 지켜보고 있었거든요. 너무 예뻐서 저희끼리 '놀이터 여신'이라고 불러요. (웃음) 저기 혹시…… 어떤 운동 하시는지, 그리고 어디서 하시는지 여쭤봐도 될까요?"

너무 당황해 잠시 말문이 막혔지만, 제가 필라테스 강사이며, 근처에 근무지가 있다는 걸 간신히 설명하고 돌려보냈습니다. 놀이터 여신이라니, 정신이 아득해지는 것 같았지요. 이런 몸을 유지하느라 사는 게 너무 힘들고, 이제는 불행하다고까지 느끼는데, 겉으로는 여신처럼 아름다워 보이는구나. 내면과 외면 사이에 이 정도로 간극이 커질 수 있다니. 극도의 괴리감에 몸서리가 쳐졌습니다. 그리고 정말 너무나 인정하기 싫었지만, 저의 마음 깊숙한 곳에서는 예의 그 목소리가 들려왔습니다.

'봐라, 역시 마른 몸이 최고지? 절대로 포기하면 안 돼!'

얼마 지나지 않아 제 몸은 더 이상 버티지 못하고 파업을 선언했습니다. 어느 날부턴가는 음식을 먹으면 명치 부분에서 딱 걸려 더 이상 아래로 내려가지 않는 느낌이 들었습니다. 혹시나 싶어 위내시경을 찍어보아도, 기능적으로는 아무런 문제가 없다는 대답만 돌아왔죠. 어지럼증도 점차 심해져서 레슨을 하다가 몇 초가량 벽을 짚고 서 있는 경우가 종종 생겼습니다. 체기 때문인가 싶어 내내 소화제를 달고 살았고, 약국에서 살 수 있는 소화제로는 역부족인 것 같아 내과에 가서 처방을 받아가며 많은 양의 약을 먹었습니다. 위장에 들어가는 것도 별로 없는데, 왜 이렇게 체한 느낌이 심한지 알 수 없었습니다. 증상은 시간이 흐를수록 점점 더 심해져 헛구역질까지 동반했습니다. 레슨 사이 잠깐 쉬는 시간에 화장실까지 달려가 한참 동안 헛구역질을 하다가 겨우 진정하고 다음 수업에 들어가는 날이 한동안 계속되었습니다.

어지럽고 체한 느낌 탓에 음식을 먹는 양은 더욱 줄어만 갔습니다. 눈이 퀭해지고 볼은 움푹 파여 보는 사람마다 혹시 어디가 아프냐고 물었죠. 아이 하원을 시키러 가기 전에는 놀이터에서 한 시간이나 버텨야 한다는 생각에 사탕이나 캐러멜 같은 것을 조금씩 먹곤 했는데, 그래도 운전하는 내내 손이 덜덜 떨려왔습니다. 그러던 어느 날, 유치원 앞에 주차하고 핸드 브레이크를 올리는데, 갑자기 온몸에 힘이 쭉 빠져나가는 것 같더니 눈앞이 하얘졌습니다. 별안간 식은땀이 솟으며 심장이 걷잡을 수 없이 쿵쾅거리기 시작했습니다.

'나 왜 이러지?'

당황한 저는 얼른 가방 안에 있는 사탕을 꺼내 입에 물고 몸의 긴장을 풀려고 노력했습니다. 지금 눈앞에 보이는 유치원 건물 안에는 사랑스러운 나의 아이가 하염없이 벽시계를 쳐다보며 엄마를 기다리고 있는데, 마치 무거운 돌덩이가 얹힌 것처럼 도저히 다리가 움직여지지 않았습니다. 그렇게 한 5분쯤 지났을까. 차가워졌던 손과 발에

서서히 피가 통하는 느낌이 나면서 비로소 정신이 들었습니다. 겨우 차에서 내려 쉽게 움직여지지 않는 다리를 끌다시피 걸으며, '나 정말 정상이 아닌 것 같아'라고 마음속으로 중얼거렸습니다.

다음 번 진료일, 그날의 일을 전해 들은 내과 의사의 얼굴에서 웃음기가 싹 가셨습니다. 그러곤 지난 몇 달 동안 지속적으로 체기를 호소하던 환자를 향해 굳은 결심을 한 얼굴로 자세를 고쳐 앉았습니다.

"김다은 씨. 예전에 간호사라고 하셨죠? 이제는 제가 더 말씀드리지 않아도 눈치를 좀 채셔야 할 때인 것 같습니다. 지금의 증상은 내과적 질환이 아닌 것 같아요. 이제는 정신건강의학과로 가보셔야 해요."

머리를 한 대 얻어맞은 듯한 느낌이었습니다. 어느 날부턴가 약처방에 안정제가 들어가기에 왜 그런가 싶었는데, 선생님은 다른 생각을 하고 있었구나, 내가 정말 눈치가 없었구나 싶었죠. 집으로 오자마자 그동안 시달렸던 증상을 검색창에 쭉 적기 시작했습니다. 손가락으로 꼽기도 힘들 만큼 다양했던 증상을 하나하나 모두 적고 엔터키를 누르자 화면에는 믿기 힘든 단어가 떠 있었습니다.

공황장애.

저는 그대로 노트북을 덮고 그 위에 양팔을 모아 얼굴을 묻었습니다. 이유를 설명하기 힘든 눈물이 펑펑 쏟아졌습니다. 반년이 넘도록 시달려온 온갖 증상이 모두 공황장애 때문이었다니. 나는 그런 줄도 모르고 이를 악물며 온 힘을 다해 참아온 거였구나. 정신과적 증상을 단순한 소화불량과 귀의 문제라고 생각했다니……. 어리석기 짝이 없던 그간의 제 자신이 한심하기도, 불쌍하기도 했습니다.

정신과 의사는 제가 경험했던 공황장애 증상을 두고, "주로 야망 있는 젊은 남자 사업가들에게서 많이 듣는 내용인데 본인에게도 그런 면이 있나요"라고 물으며, "하나에 지나치게 몰두하고 집착하는 면이 있다면 반드시 바꾸어야 합니다. 그게 바뀌지 않으면 약을 먹어도 치료가 잘되지 않을 겁니다"라고 엄포를 놓았습니다. 수년 동안 앞만 바라보며 분초 단위로 시간을 쪼개 악착같이 살아왔던 제게 딱 맞는 '점괘'였죠.

공황장애 약을 먹자 잠이 쏟아졌습니다. 첫 복약 이후 있을 수 있는 흔한 부작용이라기에 그냥 잠이 오는 족족 마치 잠에 몸을 맡겨버리듯이 잤습니다. 공강 시간이 생기면 강사실 구석에서 쪽잠을 자고, 밤마다 의식처럼 행하던 쇼핑몰 탐색도 때려치운 채 아홉 시부터 쿨쿨 잤습니다. 마치 몇 년 동안 부족했던 잠을 한 번에 몰아서 자듯 며칠을 그렇게 실컷 자고 나자 거짓말처럼 몸이 개운해졌지요. 복용량을 조절하기 위해 두 번째로 병원에 간 날. 약을 먹어보니 어땠느냐, 기분은 어떠냐 묻는 의사 선생님에게 한 치의 망설임도 없이 대답했습니다.

"선생님, 저 20년 만에 배가 고파요."

## 슬라임 뱃살이 더 좋아

공황장애의 여러 증상 가운데 저를 가장 힘들게 했던 것은 바로 '비현실감'이었습니다. 어느 책에서 보았던 표현으로는 '내 주위를 둘러싼 모든 것이 마치 수조 속에서 일어나는 일처럼 먹먹하게 느껴지는' 증상인데, 이것이 짧게는 몇 분, 길게는 몇 시간 동안 이어지면서 굉장히 고통스러웠습니다. 무언가에 집중하기도 어렵고, 마치 내가 현실에서 분리된 것만 같은 느낌에 순식간에 극도로 불안해지기도 했습니다. 특히 누군가와 대화하는 도중 비현실감이 밀려오기 시작하면 내가 대답을 제대로 하지 못할까봐 걱정되고, 마치 꿈속에서 이야기를 나누고 있는 듯한 느낌에 자꾸만 정신을 바짝 차리려고 안간힘을 썼습니다. 실제로는 아무런 문제가 없는데도 말이에요. 이뿐만 아니라 길을 걷다가 갑자기 발밑이 낭떠러지에 걸쳐진 듯 아찔하게 느껴지거나 목 안에 무언가가 걸려 있는 느낌, 심지어는 누군가 목을 조르는 것 같은 느낌 등 다양한 형태의 증상이 시시때때로 그 양상과 빈도를 달리하며 저를 괴롭혔습니다.

　이미 강박장애를 경험해보았기에, 이러한 병의 증상은 그저 증상일 뿐, 실제로 나를 어찌하지 못한다는 사실을 누구보다 잘 알고 있었습니다. 하지만 사실을 알고 있다고 해서 막상 그것을 마주했을 때 괴롭지 않은 것은 아니었습니다. 매일 절박한 심정으로 약을 복용하고, 주기적으로 의사와 상담하고, 스스로 끊임없이 인지행동치료를 하며 병의 급성기를 견뎌나갔습니다. 병을 치료하면서 절절히 깨달은 것은, 스스로를 몰아세우는 삶의 방식이 저 자신을 병들게 해왔다는 사실이었습니다. 저는 미친 사람처럼 일하고, 공부하고, 영양실조 상태에 이를 만큼 음식을 제한해왔지요. 마치 가속 페달을 하도 세게 밟아서 차가 고장이 났는데, 경고등이 깜빡거려도 무시하고 페달을 밟아댄 것이나 다름없는 행동이었더라고요. 몸에서는 진작부터 이런저런 방법으로 저에게 '위험' 신호를 보내고 있었지만, 저는 아랑곳하지 않고 매일을 백 퍼센트 소진하는 삶을 살았으니, 어느 순간 몸이 '파업 선언'을 해버린 것이죠. 결국 차가 완전히 퍼지고 나서야 그동안 내가 지나치게 과속하는 삶을 살았구나 하고 깨달았던 거예요.

치료가 몇 달간 지속되면서 저를 그토록 괴롭히던 어지럼증과 이명, 체기가 깨끗이 사라졌습니다. 소화도 잘 되고, 잠도 잘 자고, 몸에서 아픈 곳도 사라졌죠. 단 한 가지 문제가 있다면, 살이 찌기 시작했다는 사실이었습니다. 저에게 알맞은 약을 찾아 꾸준히 복용하면서 약 칠팔 킬로그램 정도 체중이 불어났습니다. 그도 그럴 것이, 공황장애 증상이 사라지면서 저는 매일 평안한 기분을 유지할 수 있었고, 사소한 것에도 감사하고, 자주 행복감을 느꼈으며, 그러다 보니 식욕이 왕성해졌거든요.

공황장애로 겪은 고통이 너무나도 컸기에, 치료를 위한 과정 중 사소한(?) 부작용으로 살이 찌는 것은 충분히 감내할 만했습니다. 또한 '마른 몸에 대한 강박'이 병을 불러온 원인 중 하나라고 생각하니, 더욱 제 몸의 변화에 관대해졌죠. 포동포동해진 몸으로 레깅스를 입으니 하체가 적나라하게 드러나는 느낌이 들어 운동복을 모두 조거팬

츠로 바꿔버렸습니다. 한 줌의 뱃살도 용납할 수 없던, 속옷같이 달라붙던 운동복도 전부 동료 강사들에게 기부해버렸고요. 편안한 운동복을 입고 편안한 마음으로 회원들 앞에 섰더니 오히려 레슨이 더욱 잘되는 기분이었지요. '내가 살찌면 회원들이 나를 신뢰하지 못하는 게 아닐까?'라던 과거의 걱정이 무색하게도, 회원들은 제 '사이즈'에 관계없이 꾸준히 저를 선택하고 지지해주었습니다.

통통한 몸이 되면서 제가 가장 큰 충격을 받았던 것은 '내가 살고 싶은 대로 살아갈 수 있다'라는 점이었습니다. 일단 필라테스 동작 중에 최상급 동작을 무리 없이 수행할 수 있게 되었습니다. 마른 몸일 때는 준비 자세 취하는 것조차 힘들었던 동작이 어느 날부턴가 힘도 별로 들이지 않고 쉽게 수행할 수 있게 되어서 놀라 자빠질 지경이었죠. 또 예전엔 레슨을 하루에 두세 시간만 해도 너무 지쳐서 강사실에서 누워 있다가 퇴근하곤 했는데, 컨디션이 좋아지자 네다섯 시간을 지도하고도 놀이터에서 아이와 함께 뛰어놀 만큼 체력이 좋아졌습니다. 주말에는 남편과 아이만 나들이를 보내는 대신 저도 함께 영화를 보러 가거나 소풍을 다녔습니다. 사람 사는 게 이런 거구나 싶더라고요. 마른 몸을 유지하느라 마음속으로 끊임없이 불행감을 느끼며 남들로부터는 찬사를 받는 삶, 내가 원하는 대로 사람답게 행복하게 지내는 삶. 이 둘 중 어느 것을 선택하겠느냐고 묻는다면 이제는 주저 없이 후자를 택하겠다는 확신이 들었습니다.

그렇게 점점 통통해진 몸에 익숙해져갈 즈음이었습니다. 어느 날 아이와 함께 침대 위에서 뒹굴거리며 장난을 치고 있었는데, 아이가 제 잠옷을 들춰보더니 양손으로 뱃살을 주물럭거리기 시작했습니다. 그 모습이 귀여워 그냥 내버려두었더니 한참을 만지작거리더라고요. 그러면서 뭔가를 골똘히 생각하던 아이는 고개를 들어 해맑은 얼굴로 제게 말했습니다.

"엄마 뱃살은 슬라임 같아!"

순간 얼굴이 확 달아올랐습니다. 얼른 몸을 일으켜 자세를 고쳐 앉고 옷매무새를 다듬었죠.

"너 엄마한테 그런 말 함부로 하는 거 아니야! 내 배가 왜 이런 줄이나 아니? 이게 다 너 낳느라 뱃가죽이 늘어나서 그런 거야! 엄마한테 고맙다는 말은 못 할지언정 엄마를 놀려? 그러면 못써!"

갑자기 화를 내는 엄마의 모습에 아이는 얼어붙었고, 기어드는 목소리로 미안하다고 말하며 조용히 일어나 침대에서 빠져나갔습니다. 아이가 나가고 나서도 한동안 진정이 되지 않았습니다. 내 배가 슬라임 같다니! 마치 심한 모욕을 당한 것같이 느껴졌습니다.

'어린아이가 무심코 한 말에 왜 이렇게까지 화가 나는 걸까?'

그 후로 며칠 동안 그때의 일을 떠올리며 제 내면에서 일어나고 있는 역동을 이해하려고 애썼습니다. 분명히 아이는 별생각 없이 말했을 텐데, 마른 몸과 이상적인 몸에 대해 평생을 의식하며 살아온 저에게는 그 말이 날카로운 가시처럼 아프게 느껴진 것 같았습니다.

몇 주가 지나 그날의 감정이 어느 정도 옅어졌을 때쯤, 저는 또다시 침대 위에서 아이와 뒹굴거리며 놀고 있었습니다. 아이의 천진하고 맑은 눈을 들여다보고 있자니, 문득 나 혼자서 생각을 부풀리지 말고 그냥 툭 터놓고 이야기를 나눠봐야겠다는 생각이 들어 그날의 이야기를 다시 꺼냈습니다. 그러자 아이는 흔들림 없는 표정으로 뜻밖의 말을 했습니다.

"엄마, 나는 엄마가 나를 낳느라 배가 풍선처럼 커졌던 걸 알고 있어. 그래서 뱃살이 축 처진 거잖아. 그러니까 슬라임 같다고 얘기했던 거야. 슬라임은 느낌이 아주 좋거든. 부들부들해서 만지고 있으면 기분이 엄청 좋아져. 나는 슬라임을 좋아해! 살 빼서 이거 없애면 안 돼, 알았지?"

이번에는 부끄러움에 얼굴이 붉어졌습니다. 아이는 저를 놀리거나 조롱할 생각이 없었습니다. 본인이 좋아하는 그 촉감이 엄마 몸에서 느껴지니까, 그저 재미있고 신기해서 그걸 말로 표현했을 뿐이죠. 하지만 평생 동안 '내 몸은 충분히 예쁘지 않아. 더 날씬해져야만 해'라는 지령에 충실한 채 뚱뚱해질까 봐 늘 노심초사하며 살아온 저에게는 그 말이 비수처럼 날아와 꽂힌 거였지요.

진짜로 흥미로운 것은 그다음부터였습니다. 생각해보니 제가 아이에게 얼굴을 붉히며 언성을 높였을 때, 그때가 태어나서 처음으로 누군가가 제 몸에 대해 지적하는 순간 참지 않고 저 나름대로 '저항'을 했던 거였더라고요. 초등학생 때 남자아이들이 '꽃돼지'라고 놀릴 때도, 출산 후에 옷가게에서 '이거 보나 마나 안 맞아'라고 무안을 당할 때도, 항상 아무 말도 하지 못한 채 침묵하고만 있었는데……. 난생처음 누군가에게 "내 몸에 대해 함부로 지적하지 마"라고 소리 내어 말해본 것이더라고요. 그렇게 한 번 강렬한 경험을 하고 나자 가슴속 깊은 곳에서 왠지 모를 자긍심 같은 것이 몽글몽글 느껴졌는데, 아마도 그 감각은 '내가 나를 지켰다'라는 데서 오는 것 같았습니다.

그게 끝이 아니었습니다. '나를 지키는 말하기'를 실행한 경험은 마치 머릿속에 반짝이는 작은 회로 하나를 만들어준 것 같았죠. 그 회로는 처음에는 아주 미약한 힘으로 이런 생각들을 만들어냈습니다. '그래, 맞아. 아이를 낳느라 늘어나버린 뱃살이 부끄러울 이유는 없지. 나이가 들면서 군살이 붙고 피부가 늘어지는 게 놀림의 대상이 되어선 안 돼.' 그리고 시간이 흐르며 그 회로가 점차 체계를 갖추더니 탄탄한 엔진을 마련했습니다. 그 덕분에 제안에는 새로운 말이 가득 채워져갔습니다. '남에게 보이는 겉모습으로 생계를 유지하는 게 아닌 이상, 마른 몸에 집착하는 것은 어리석은 짓이야' '엄마라는 새로운 역할이 생겼다면 몸이 그에 맞게 변화해야 하는 건 당연한 이치야' '남들 눈에 아름답게 보이는 몸보다는, 내가 원하는 대로 살아갈 수 있는 건강한 몸이 훨씬 좋은 거야'와 같은 말들이요. 아주 조금은 남아 있던 마른 몸에 대한 미련이 그야말로 깨끗하게 정리되는 느낌이었습니다.

생각의 뿌리는 이후로도 점차 단단해졌습니다. 그동안 제 몸이 '어떻게 보이는가'에만 집중하다 보니, 정작 그 기능과 역할에 대해서는 까맣게 잊고 있었다는 사실도 깨달았습니다. 누구보다 더욱 아껴주고, 위해주고, 사랑해줘야 하는 소중한 나의 몸을, 오랜 시간 툭하면 한계까지 몰아세우고 수시로 학대하며 살아왔다는 게 너무나 안쓰럽고 미안하게 느껴졌습니다.

공황장애는 5년 만에 완치되었습니다. 단약을 하고 나서 지금까지 꽤 오랜 시간이 지났지만, 예전처럼 마른 몸으로 돌아가지 않고 있습니다. 두 번 다시 제 몸을 학대하면서 살지 않겠다는 굳은 결심이 있었기 때문이지요. 그 덕분에 아이가 좋아하는 슬라임 뱃살도 제 아랫배에 아직까지 잘 장착되어 있습니다. 이 슬라임 뱃살 때문에 이제 55 사이즈 청바지는 입기 힘들지만 전혀 개의치 않습니다. 적당히 통통한 몸 덕분에 신나게 운동하고, 열심히 일하고, 즐겁게 살림하면서 제가 원하는 삶을 원하는 모습으로 살아갈 수 있으니까요.

운동 강사로서 만나는 수많은 회원 중에는 저와 비슷한 전철을 밟고 있는 사람들이 참 많았습니다. 그들에게 제 개인사를 들려주면 언제나 당당해 보이는 제게도 그런 과거가 있었는지 상상조차 하지 못했다거나, 큰 위로가 된다며 도움이 되는 이야기를 좀 더 들려달라는 요청을 받곤 했지요. 다음 장에서는 실제로 회원들의 삶에 '고마운 잔소리꾼'으로 자처하며 함께 울고 웃던 사례를 몇 가지 소개해보겠습니다.

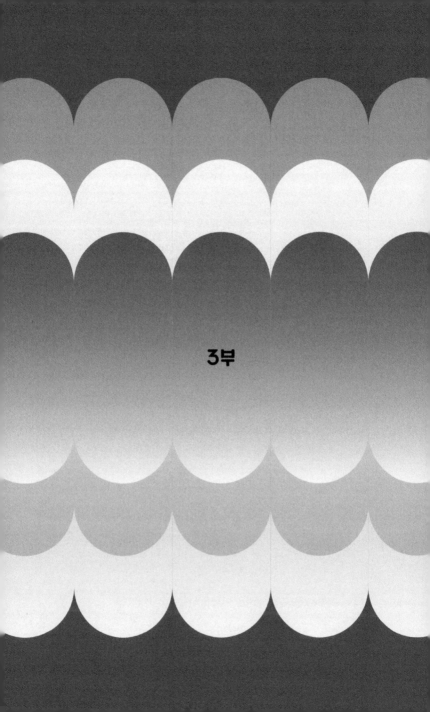

3부

내 삶을 함께할 고마운 나의 몸

## 시선을 거두어 나에게로

"필라테스를 하면 하지부종도 없앨 수 있나요?"

전화 상담을 신청한 P는 예의 바르고 지적인 느낌의 여성이었습니다. 전화 받는 일이 업무 내용 중 하나가 아닐까 짐작될 정도로 톤이 안정적이었고, 단어 하나도 신중하게 고르는 것 같았습니다. 하지만 어떤 고민이 있냐는 저의 질문에는 목소리가 빠르게 격양되더라고요.

"선생님, 제가…… 다리가 좀 비정상적으로 뚱뚱한 편이거든요. 흔히 말하는 '저주받은 하체'가 딱 제 얘기예요. 그동안 이것저것 해보았는데 아무 소용이 없더라고요. 이번만큼은 정말 허벅지랑 종아리 살 싹 다 없애버리고 싶은

데, 혹시 가능할까요?"

일단 직접 만나서 이야기하자는 저의 제안에 P는 그날 저녁 퇴근길에 센터를 방문하겠다고 했습니다. 약속한 시각 5분 전, 출입문이 열리고 외투 깃을 잔뜩 여민 채 실내로 들어선 사람을 보고 저는 깜짝 놀랐습니다. 전혀 '비정상적'이지 않은, 보통의 체격을 가진 여성이었거든요. 상담지를 작성하고, 몸에 대한 고민을 나누고, 앞으로의 레슨 계획을 세우는 내내 저는 P가 과연 오늘 오전에 통화를 한 그 사람이 맞는지 의문이 생길 지경이었습니다. 언뜻 봐도 하체 비만은커녕 저체중이 아닐까 싶은 몸 상태였죠. 당장이라도 P를 거울 앞에 서게 한 다음 다리 라인을 꼼꼼히 살펴보고 싶은 심정이었지만 꾹 참았습니다. 그 어느 때보다도 첫 레슨을 기다리는 마음으로 일단 그녀를 집으로 돌려보냈습니다. P가 정말로 하체 비만이라면 제가 해줄 것이 많을 테고, 만약 하체 비만이 아니라면 제가 해줄 것이 더욱 많겠다고 생각하면서요.

바로 다음 날 레깅스 차림의 P를 보았을 때 저는 정말이지 깜짝 놀라고 말았습니다. 날씬하게 쭉 뻗은 허벅지와 종아리에 한 번 놀라고, 마치 관절염에 걸린 노인의 그것처럼 잔뜩 비후되어 있는 무릎 모양에 또 한 번 놀랐습니다. 물론 겉으로는 최대한 놀란 티를 내지 않으려 애썼지만요.

이윽고 레슨이 시작되고 기초적인 필라테스 동작을 하는 내내, P는 허벅지 근육 통증을 호소했습니다. 삼십 대라곤 믿기지 않을 만큼 근육이 약해져 있는 상태였죠. 게다가 어째선지 다리를 쭉 펴는 동작을 할 때마다 무릎이 제대로 펴지지 않았습니다. 제가 "무릎을 좀 더 펴보세요"라고 말하면 P는 "이게 다 편 거예요"라고 대답하는 상황이 반복되었습니다.

레슨이 끝나고 인사를 나누며 P는 "선생님, 다리가 정말 시원해요. 이렇게만 하면 부종이 금방 사라질 것 같아요"라며 만족스러운 표정을 지었습니다. 그 얼굴을 보고 있자니 제 머릿속은 더욱 복잡해질 수밖에요. P의 무릎은 심각한 상태였습니다. 다행히 통증은 없었지만, 완전히 펴지지도, 완전히 구부러지지도 않았죠. 그런데도 일상에 아무런 불편함이 없다는 P를 도저히 이해하기 어려웠습니다. 이제 겨우 삼십 대 중반인데, 노인의 무릎을 하고서도 아무런 문제의식이 없다는 게 납득이 되지 않았지요.

레슨 횟수가 조금씩 쌓이며 저는 P가 호텔리어라는 멋진 직업을 가진, 아이 둘을 키우는 워킹맘이라는 사실을 알게 되었습니다. 경력을 쌓은 지 어느덧 15년이 되었고, 그사이 임신과 출산을 두 번이나 하면서도 결코 일을 멈추지 않았다는 이야기에 저도 모르게 물개박수를 쳤지요. 호텔 일의 특성상 교대 근무가 필수이고, 그러다 보니 양가 부모님의 도움을 받을 수밖에 없는데, 바쁜 일과를 소화하며 절묘하게 줄타기하듯 살아가는 P가 새삼 대단하게 느껴졌습니다.

제가 P에게 무한한 애정과 책임감을 느끼는 것과는 상관없이, 안타깝게도 P의 무릎은 레슨을 시작한 지 1년이 다 되어가는 시점까지도 큰 변화를 보이지 않았습니다. 그녀는 저의 간곡한 권유에도 이런저런 핑계를 대며 병원에 가지 않았고, 마치 무릎에 아무런 문제가 없는 사람처럼 굴었습니다. 유독 무릎 이야기만 나오면 갑자기 딴청을 피우며 화제를 다른 데로 돌려버리는 모습에 저는 분명히 뭔가 숨은 사연이 있겠구나 싶었지요. 그렇게 만난 지 1년이 꼬박 지난 어느 날, 저는 작정을 하고 그녀 앞에 섰습니다.

"제가 오늘은 꼭 여쭤볼 것이 있어요. 이제 레슨 받으신 지 1년이 넘어가는데, 무릎이 완전히 펴지지 않아서 제대로 할 수 있는 동작이 별로 없잖아요. 이제는 강사로서 도저히 그냥 넘어갈 수가 없어요. 이판사판이라는 심정으로 여쭤보는 것이니 오늘은 꼭 대답을 해주세요."

저는 P에게 왜 정상 체중인데도 입버릇처럼 하체 비만이나 하지부종이라고 말하며 끊임없이 자기 몸을 비난하는지, 왜 무릎에 심각한 문제가 있는데도 마치 전혀 그렇지 않은 것처럼 행동하는지 진지하게 물었습니다. 처음에 P는 놀란 토끼눈을 하고 제 이야기를 가만히 듣고 있더니, 이내 침울한 표정으로 고개를 푹 숙였습니다. 순간 머릿속으로 '오늘 이 고객을 잃을지도 모르겠다'라는 생각이 스쳤지만, 진심으로 P를 돕고 싶은 심정이었기에 마음을 다잡고 영원처럼 느껴지는 긴 침묵을 견뎠습니다.

한참을 말없이 고개만 숙이고 있던 P는 잔뜩 굳은 표정으로 눈을 들어 저를 바라보았습니다. 그리고 힘겹게 자신의 이야기를 꺼냈습니다.

어린 시절부터 P는 오빠와 오빠 친구들에게 허벅지와 종아리가 통통하다고 놀림을 받았는데, 그때마다 옆에서 동조하는 부모님의 반응에 더욱 깊이 상처받았다고 했습니다. 고교생 시절에는 교복 입고 학원에 가는 길에 동네 불량배들이 시비를 걸며 "그런 다리를 내놓고 다니다니 양심이 있는 거냐"라고 조롱한 적도 있고요. 길을 건너려 횡단보도 앞에 멈추어 있던 그 몇 분의 시간이 그녀에겐 영원처럼 길게 느껴졌겠지요. P의 주위에는 함께 보행 신호를 기다리던 사람들이 몇 명 있었지만, 온몸에 문신을 한 이들에 맞서서 그녀를 도와주는 사람은 아무도 없었죠. 신호가 바뀌자마자 뛰어가듯 빠르게 걸어서 그들의 시야에서 겨우 벗어났지만, 그때부터 고등학교 졸업식 때까지 P는 누군가 계속 등 뒤에서 조롱하는 느낌에 시달리며 치마를 거의 입지 못했습니다. 사람들이 자신의 맨다리를 쳐다보기만 해도 온몸이 얼어붙는 것만 같아 줄곧 체육복 바지만 입고 다녔고요. 그 이야기를 하며 P는 20년 묵은 상처가 아직도 아픈 듯 깊은숨을 몰아쉬었습니다.

"선생님, 저는요, 여태껏 살면서 한 번도 제 손으로 치마를 사본 적이 없어요."

그녀의 눈에서 눈물이 왈칵 쏟아졌습니다.

"무릎은…… 저도 왜 이렇게 되었는지 모르겠어요. 저는 평소에 제 다리가 싫어서 잘 안 쳐다보니까 그렇게 문제가 있다는 생각을 못 했던 것 같아요. 그런데요 선생님, 사실은 제가 다리를 가늘게 만들고 싶어서 의료용 압박 스타킹을 좀 오래 신기는 했어요. 이게 문제가 되었을 수도 있나요?"

순간 광명의 빛이 번쩍이는 듯했고, 저도 모르게 윽박 지르다시피 되물었습니다.

"당연하죠! 얼마나 오래 신으셨는데요?"

"글쎄요. 한 10년은 넘은 것 같아요. 매일 열 시간 정도 착용했고요……."

호텔에서 지급하는 유니폼은 다행히(?) 바지였지만, P는 바지 위로 드러나는 다리 라인을 좀 더 가늘게 보이고 픈 마음에 사계절 내내 발목부터 허벅지까지 감싸는 압박 스타킹을 신었다고 했습니다. 그것도 중환자실에서나 쓸 법한 강한 압박력을 가진 것으로 골라서 말이에요. 어쩌다 하루는 신지 않고 출근을 해보았는데, 오후가 되니 다리가 퉁퉁 붓는 느낌이 들어 얼른 다시 착용한 적도 있고요. 병리적 부종을 일시적으로 완화할 목적으로 단기간 사용하는 제품을 10년 동안 매일같이 써왔으니, 무릎에 변형이 온 게 어쩌면 당연했습니다.

그날부터 저는 레슨 시간을 쪼개어 P가 올바른 신체상 Body Image을 재구성할 수 있도록 도왔습니다. 과거에 받은 상처를 보듬고, '나는 있는 그대로 충분해'라는 메시지를 그야말로 영혼 전체에 스며들 때까지 듬뿍 끼얹어주었지요. 현재의 나는 더 이상 연약한 열일곱 살 소녀가 아니며,

이제는 누군가 부당한 보디 셰이밍을 해올 때 맞서서 대응할 힘을 갖고 있다고 이야기해주었습니다. 한편으론 24시간 내내 타인과 자신의 몸을 비교하며 다른 사람이 내 다리를 보고 어떻게 생각할까 골몰하는 데 드는 에너지의 방향을 거꾸로 돌려서 이제는 자기 자신을 바라보고, 인정하고, 살피고, 돌보는 데 사용하도록 권했습니다.

다른 주제를 다룰 때는 별다른 저항이 없던 P는 "지금 다리가 뭐가 어때서요? 이미 충분히 날씬한 다리를 갖고 있어요"라는 저의 말에 발끈하며 "선생님, 제 기준에서는 아니에요"라고 정색했습니다.

"그 기준이 뭔데요? 제게도 알려주세요."

제 요청에 그녀는 잠시 머뭇거리더니 나지막한 목소리로 대답했습니다.

"……아이돌 ○○○요."

순간 P와 저의 눈이 마주쳤고, 몇 초 동안 침묵하던 우리는 마침내 박장대소하고 말았습니다. '극세사 다리'로 유명한 아이돌을 닮고 싶다니, 본인이 생각해도 너무 비현실적인 이야기였던 거죠. 한참 동안 배꼽을 잡고 웃던 그녀는 돌연 홀가분한 표정으로 말했습니다.

"제가 생각해도 웃기네요."

그날 집으로 돌아가는 P의 발걸음은 왠지 평소보다 더욱 가벼워 보였지요. 그리고 그로부터 다시 몇 주가 흐른 뒤, 즐겁게 레슨을 마치고 인사를 나눌 때 P가 잔뜩 상기된 얼굴로 기쁜 소식을 전했습니다.

"선생님, 저 압박 스타킹 전부 다 내다 버렸어요! 이제 안 신고 출근해도 남들 시선이 두렵지 않아요!"

그 후로 P의 무릎은 서서히 원래의 모습으로 회복되었고, 약 1년쯤 지나서는 무슨 일이 있었냐는 듯 완전히 정상적인 삼십 대 여성의 무릎 형태로 바뀌었습니다. 다리를 쫙 펼 수 있게 되면서부터는 어떤 필라테스 동작도 무리 없이 소화할 수 있었죠. 이제야 제대로 운동하는 것 같아서 너무 좋다고 함박웃음을 짓는 P에게서, 처음 저주받은 하체라며 침울해하는 모습은 찾아볼 수 없었습니다.

몇 번의 계절이 바뀌어 무더운 여름이 찾아왔습니다. 늘 검은색 레깅스에 엉덩이를 덮는 긴 티셔츠를 입고 센터에 오는 P가 걱정될 정도로 습하고 기온이 높은 날이었습니다. 한여름에도 다른 사람 시선을 의식해 결코 반바지를 입는 법이 없는 P가 이 무더위에 센터까지 걸어오느라 얼마나 더울까 싶어 염려가 되던 참이었지요.

레슨 시작 5분 전, 방문객이 왔음을 알리는 차임벨이 울렸습니다. 얼른 달려 나가 "어서 오세요!"라며 현관문을 열었지요. 그런데 이게 무슨 일이죠? 글쎄 거기에 무척이나 시원해 보이는 화사한 연노란색 스커트를 입은 P가 서 있지 않겠어요? 잔뜩 경직된 자세로 쑥스러운 표정을 하고 있던 그녀는 놀라움과 기쁨, 대견함이 뒤섞여 양손으로 입을 막은 채 눈물을 글썽이는 저를 보더니 웃음을 터트렸습니다. 그때 그녀가 한 말을, 저는 영영 잊지 못할 것 같습니다.

"선생님, 이거 진짜 시원해요!"

## 자극과 반응 사이

    12년 차 공무원 J는 눈에 넣어도 아프지 않을 여섯 살짜리 외동아들을 키우는 워킹맘이었습니다. 무뚝뚝하긴 해도 성실하고 가정적인 남편과 안정적인 직장, 사랑스러운 아이까지……. 모든 게 만족스러울 것 같은 그녀이건만 이상하게도 입만 열면 불평불만 가득한 부정적 이야기를 쏟아냈습니다. 날씨가 좋으면 이렇게 날씨가 좋은 날 나는 소처럼 일만 해야 한다며 짜증 냈고, 날씨가 안 좋으면 가뜩이나 기분도 별론데 비까지 오고 난리라며 우울해하는 식이었죠.

    "도저히 이해할 수가 없어요. 어떻게 그럴 수 있죠?"

오늘도 J는 단단히 화가 난 모습이었습니다.

"아니, 저한테 인수인계해줘야 한다는 걸 뻔히 알면서, 제가 사용할 컴퓨터에 있는 파일은 전부 다 삭제해놓고, 본인 컴퓨터에만 죄다 옮겨놓은 것 있죠? 정말 말도 안 되지 않나요? 선생님은 이게 이해가 되세요?"

본격적인 운동을 시작하기에 앞서 뭉친 근육을 풀기 위해 기구에 누워 어깨 뒤로 괸 땅콩볼을 문지르고 있던 그녀가 연신 열변을 토했습니다.

"그러면서도 미안하다는 말 한마디 안 하고, 내가 정말 기가 막혀서. 저희가 신입일 때는 상상도 할 수 없던 일이라고요!"

얼굴이 벌게지도록 쉴 새 없이 화를 내던 J는 옆에서 빙그레 웃고만 있는 저를 슬쩍 쳐다보더니 볼멘소리를 내뱉었습니다.

"솔직히 선생님한테는 이게 별일 아니죠? 또 저 혼자만 이러고 있는 거죠?"

습관화된 불평 때문일까요? J는 1년 365일 두통과 소화불량, 원인을 알 수 없는 어깨와 등의 통증에 시달렸습니다. 국내 최고 대형 병원을 돌아다니며 머리끝부터 발끝까지 온갖 검사를 받아보았지만 모든 결과는 정상으로 나왔고, 전국 방방곡곡 숨은 명의를 수소문해 찾아다녀도 아무런 소용이 없었죠. 병원에서 처방받은 약이 별 효험이 없다는 판단이 들자, 나중에는 무슨무슨 '환'이라는 이름이 붙은 각종 한약과 약침에도 의존하기 시작했습니다. 거기에 흑염소부터 가물치, 장어를 달인 각종 진액과 원액까지⋯⋯. 난생처음 들어보는 온갖 민간요법과 그 비싼 가격을 듣고는 입이 떡 벌어지곤 했지요. 몸에 좋은 거라면 지구 끝까지라도 찾아가서 구입하고야 마는 그녀였지만, 안타깝게도 그런 것들은 하나같이 증상 완화에 별 도움이 되지 않았습니다. 새로운 보조제를 복용하면 잠시 나아지는 듯하다가 다시 심해지길 반복했고, 그때마다 이번에도 역시 소용이 없다며 더욱 침울해했죠.

저 또한 비슷한 증상으로 고생하다가 정신건강의학과를 다니며 나은 경험이 있었습니다. 그래서 J에게 "어쩌면 신경증일 수도 있으니 병원에 가서 검사 한번 해보세요"라고 넌지시 일러주었죠. 그러나 그녀는 '그런 곳'에 가고 싶지 않고 '그쪽'으로는 아무 문제가 없다며 딱 잘라 거절했고, 저도 그 이후로는 더 이상의 언급을 멈춘 상태였습니다.

그렇지 않아도 작은 스트레스에 불같이 반응하던 그녀

였는데, 해가 바뀌면서 일시적으로 민원 처리 업무를 맡은 게 화근이었습니다. 언제부턴가 J는 평소보다 더욱 심해진 두통과 등의 통증을 호소하며 연탄재를 뒤집어쓴 사람처럼 낯빛까지 어두워졌습니다. 레슨 시간에도 제대로 된 운동은 시작도 하지 못한 채 땅콩볼과 폼롤러로 근막 이완 마사지만 잔뜩 하고 그대로 수업을 마치는 상황이 반복되었지요. 기구 위에 등을 대고 눕기만 하면 그녀는 마치 기다렸다는 듯, 지난 며칠간 있었던 일을 속사포처럼 쏟아냈습니다. 얼마나 말도 안 되는 민원이었는지, 그 민원인이 얼마나 심한 폭언을 했는지, 그 말이 자신에게 얼마나 큰 상처가 되었는지, 그럼에도 불구하고 공무원이라는 이유로 한마디 대꾸조차 할 수 없는 심정이 어땠는지……. 그녀의 말을 듣고 있다 보면 저 역시 등 위에 무거운 추가 차곡차곡 얹히는 느낌이었지요. 종국에는 그 무게를 이기지 못해 쑥 꺼진 땅속으로 빠져버릴 듯한 착각마저 들었습니다.

'세상은 내게만 너무 가혹하고, 주위에 이상한 사람은 너무나 많고, 아무도 나의 노고를 알아주지 않으며, 그러므로 이 모든 것은 의미가 없다. 결국 삶은 죽지 못해 사는 것이다.'

J의 레퍼토리는 옆에서 듣는 것만으로도 너무 무섭고, 무섭고, 슬펐습니다. 그 지독한 악순환의 늪에 빠져서 매일같이 숨 막힐 듯한 고통을 겪으며 살고 있는 그녀가 너무나 안타까워, 당장이라도 멱살을 붙잡고 뭍으로 끌고 나오고 싶은 심정이었습니다.

석 달이면 끝날 거라던 임시 민원 처리 업무는 안타깝게도 반년 이상 지속되었습니다. J의 스트레스는 극에 달했고, 레슨이 시작되어 기구 위에 누우면 마치 불을 뿜는 드래곤처럼 분노를 토해내는 강도가 점점 더 심해졌습니다. 예전이라면 쉽게 넘길 만한 작은 일에도, 이제는 누구 하나만 걸려봐라 하는 식으로 무섭게 몰아붙였죠. 이러다 정말 큰일이 나겠다 싶어 가슴이 철렁할 때가 많았습니다. 마치 살얼음판을 걷는 듯 조마조마한 순간이 계속되던 어느 날, J에게서 짧은 문자 메시지가 도착했습니다.

'선생님, 저 메니에르병 같대요. 하다 하다 이젠 별 희한한 병에 다 걸리네요.'

올 게 왔구나 싶었지만 달리 내색은 하지 않았습니다.

어느 하루 J는 극심한 어지럼증으로 인해 응급실에 실려 갔고, 의사는 혈액검사를 비롯한 모든 지표가 정상인 상황에서 귓속 전정기관의 문제를 의심했습니다. 정밀

MRI 검사를 예약해두고 또다시 신세 한탄을 늘어놓는 그녀를 보며 저는 어쩌면 오히려 이번이 절호의 기회가 될 수도 있겠다고 생각했습니다.

그로부터 2주가량 지나 센터에 다시 방문한 J는 양쪽 볼이 움푹 들어갈 정도로 야위어 있었습니다. 응급실에 실려 간 날 이후 급격히 식욕이 감퇴해 그동안 제대로 먹지도 자지도 못했다고 말하는 목소리에는 여느 때와 달리 힘이 쭉 빠져 있었지요.

"진지하게 휴직을 고려하고 있어요. 모든 게 엉망이 된 것 같아요, 선생님. 검사 결과론 귀에 아무런 문제가 없다고 하는데, 제가 도대체 무슨 죄를 지었다고 이런 벌을 받는 걸까요……?"

그녀는 참았던 눈물을 터뜨렸습니다. 그렇게 한참 동안 얼굴을 감싸 쥐고 있던 그녀가 갑자기 무언가 생각났다는 듯 눈을 동그랗게 뜨며 저를 바라보았죠.

"선생님, 저는 솔직히 정신과나 상담소, 이런 데 가고 싶지 않거든요. 남들 시선도 있으니까요. 근데 이쯤 되니 이게 정말로 심리적인 문제인가 싶기도 한 거예요. 선생님은 상담학을 전공하셨으니까 이럴 때 어떻게 해야 하는지 잘 알지 않나요? 저 좀 도와주세요!"

당황한 제가 선뜻 대답하지 못하고 머뭇거리자 J는 급기야 애원하기 시작했습니다.

"선생님, 제발요. 선생님이 시키시는 대로 해볼게요!"

고민 끝에 저는 그녀가 이비인후과 치료를 성실히 받을 것을 전제로, 수업 전후에 잠깐씩 짬을 내어 생각해볼 만한 이야기를 던져주기로 했습니다. 그렇게 일주일에 두 번, 하루 10분씩, 우리들만의 '미니 상담소'가 차려졌죠.

사실 J를 회원으로 만난 1년 전부터 그녀에게 해주고 싶은 이야기는 정해져 있었습니다. 저는 첫 시간부터 망설임 없이 종이와 펜을 준비해 J 앞에 섰습니다.

"자, J 님, A4 용지를 가로로 놓은 다음, 왼쪽에 크게 동그라미를 그리고, 그 안에 '자극'이라고 써보세요. 다 됐으면 오른쪽에도 똑같이 동그라미를 그리고, 그 안에다 '반응'이라고 적어보세요."

저는 그녀가 이해할 만한 쉬운 예를 들었습니다.

"얼마 전에 시어머니와 갈등을 겪으셨죠? 몸이 좋지 않아 제사에 가지 못했는데, 시어머니가 아무리 그래도 네가 와야 했다고 한마디 해서 화가 나셨잖아요. 그때를 한번 떠올려보세요. 그때 시어머니가 전화로 하신 말씀이 바로 자극이에요. 그리고 J 님이 냈던 화가 반응이죠. 이렇게 우리 주변에서 일어나는 모든 일은 외부에서 오는 자극과 내 안에서 일어나는 반응으로 나누어서 생각해볼 수 있어요. 재미있게도 사람마다 자극에 대해 어떻게 반응하는지는 모두 조금씩 달라요. 이 개념을 만든 빅터 프랭클 Viktor Frankl은 '자극과 반응 사이에는 공간이 있다'라는 유명한 말을 남겼어요. 어떠한 자극이 있더라도, 우리에겐 그것에 '어떻게 반응할지 선택할 자유'가 있다는 뜻이죠. J님이 생각하기에, 본인의 자극과 반응 사이에는 얼마큼의 공간이 있는 것 같으세요?"

심각한 표정으로 가만히 이야기를 듣던 그녀는 제가 묻자 갑자기 큰 소리로 웃음을 터트렸습니다.

"하하. 하나도 없죠, 선생님!"

J는 자극에 대한 본인의 반응이 마치 배드민턴이나 테니스 경기의 운동방식 같다고 얘기했습니다. 공이 날아오면 별다른 고민 없이 있는 힘껏 세게 받아치는 것처럼 생각과 감정을 선택할 겨를 같은 건 전혀 없었으니까요.

"그럼 제가 시어머니 말에 반응해 화를 내는 게 당연하지 않을 수도 있다는 뜻인가요?"

"물론이죠. 얼마든지 다르게 해석하고 받아들일 수 있어요. '내가 가지 않아서 정말로 곤란하셨나 보다' 혹은 '내가 아파서 염려되었다는 말을 돌려서 하시나 보다'라는 식으로요. 설사 나를 불쾌하게 할 의도였다고 해도, '어머니는 그렇게 생각하시는구나. 하지만 정말로 몸이 아파서 어쩔 수 없었는걸?' 하고 넘겨버릴 수도 있고요."

J는 연신 고개를 주억이며 한참 동안 생각에 잠겼습니다. 앙다문 그녀의 입술을 보고 있자니 쉴 새 없이 불평하고 화를 내면서 '바깥'만 바라보고 있던 그녀가, 지금 이 순간만큼은 고요히 자기 내면을 들여다보고 있다는 게 새삼 실감이 되었습니다. '자, 이제부터 시작이야.' 저도 모르게 마음속으로 중얼거렸습니다.

당연하다고만 생각한 것을 당연하지 않게 바라보는 훈련은 한동안 계속되었습니다. 유치원에 다니는 아들이 추운 아침 외투를 걸치지 않은 채 바깥에 나가겠다고 떼를 쓰는 순간도, 남편이 사흘 연속 회식에 참석하며 고주망태가 되어 나타난 날도 J는 이전과 달라지기 위해 노력했습니다. 자극과 반응 사이에 공간을 만드는 연습을 할 기회라고 믿으며 즉각 반응을 폭발시키지 않으려 무던히도 애썼지요. 매번 어떻게 하면 화를 내지 않는 방식으로 반응할 수 있는지 고민하고, 쉽사리 답이 나오지 않아 깊이 생각에 잠기다 보면 어느새 활활 타올랐던 감정이 누그러져 있는 것을 느끼고 깜짝 놀라곤 했습니다. 물론 '자동적인 부정적 사고' 회로를 끊어내고, 자극에 대한 반응을 지연시키는 작업이 마냥 순탄하지만은 않았지요. 때때로 불같이 화를 내며 따졌습니다.

"왜 나만 늘 이해해야 하죠? 이번엔 정말 저 사람 잘못이 명백한데, 왜 나만 긍정적으로 해석하려고 노력해야 하냐고요!"

그럴 때마다 저는 설득하고 또 설득했습니다.

"그럼 그냥 화를 내고 미워하셔도 돼요. 대신 그 감정에 독이 들어 있다는 걸 잊지 마세요. 그런 부정적인 감정을 잔뜩 끌어안고 살면, 그게 거꾸로 나를 공격할 수 있다는 사실도 꼭 기억하시고요. 긍정을 선택하는 건 절대로 그 사람을 위해서가 아니에요. 철저하게 나를 위한 거예요. 정확히는 나의 건강을 위해서죠. 스트레스로부터 나를 보호하기 위해서라고요."

다행히도 '미니 상담소'는 효과가 있었고, 몇 달이 지나자 J는 오랜 시간 자신을 괴롭히던 원인 모를 통증에서 조금씩 자유로워졌습니다. 평생을 함께해온 '미지근한 두통'은 여전히 그림자처럼 따라다녔지만, 예전처럼 이유도 없이 등과 어깨가 아파 잠을 설치거나, 어지러움이 느껴져 식사를 거르는 일은 현저히 줄었습니다.

온종일 무더웠던 어느 여름날 오후, 센터 현관문을 힘차게 열고 들어오는 J는 어딘지 모르게 자신감에 가득 찬 얼굴이었습니다. 여느 때처럼 인사를 나누고 털썩 기구 위에 누운 그녀의 등 뒤로 땅콩볼을 가져다 대려는데, 갑자기 그녀가 벌떡 몸을 일으켜 앉았죠.

"선생님, 저 오늘 어떤 일이 있었는 줄 아세요?"

지금껏 한 번도 보지 못한 해맑간 얼굴의 J는 흥분을 가라앉히려 애쓰며 이야기를 시작했습니다.

"오늘 주차 관련 민원이 있었거든요. 그런데 상황이 좀 꼬여서 제가 현장까지 가봐야 했어요. 민원인이 전화로 저한테 짜증을 엄청 냈고요. 그날따라 날씨도 너무 더워서, 현장에 도착하니까 벌써 땀으로 목욕을 한 상태였죠. 그래도 담당자 찾아서 어찌어찌 해결하고 있는데, 문득 '나 지금 왜 이렇게 마음이 편안하지?' 싶은 거예요. 예전 같았으면 죽을상을 하고 '내가 지금 왜 이 짓을 하고 있나'부터 시작해서, '저 민원인은 왜 이 문제로 나한테 짜증을 내나' 싶어 화가 심하게 났을 일이란 말이에요. 근데 제가 글쎄 '이 문제를 해결해줄 수 있는 사람이 나니까 나한테 얘기를 하는 거지. 당장 자기 사업장에 피해를 입게 되었으니까 저렇게 짜증을 내는구나' 하면서 아무렇지도 않게 일처리를 하고 있더라고요. 너무 신기한 거 있죠!"

그날 생각보다 현장 상황이 빠르게 정리되어 J가 자리를 떠나려 할 때였습니다. 조금 전까지 짜증을 버럭버럭 내던 민원인이 머쓱한 표정으로 다가와 그녀에게 음료수를 건넸습니다. "아까는 제가 너무 심했어요. 죄송해요"라고 사과까지 하면서요.

"와, 선생님······. 그 미지근한 음료수 하나에 말이에요, 제가 평생 한 번도 못 느껴본 '일에 대한 보람'이 느껴지더라니까요?"

저를 보며 환하게 웃어 보인 J는 이제 이건 안 해도 되겠다며 등 뒤에 가져다 대려던 땅콩볼을 저에게 되돌려주었습니다. 그녀가 건네는 땅콩볼을 받아 들며, 이제 자극과 반응 사이에 공간이 좀 생긴 것 같냐고 묻자 J는 얼굴 가득 익살스러운 표정을 지으며 대답했습니다.

"잘은 몰라도 이 레슨실만큼은 넓어진 것 같아요. 선생님, 앞으로는 건물주만큼 키우려 노력해볼게요. 우리 이제 운동해요!"

## 세상에 맞고 틀리고가 없다면

　새로운 회원들이 센터에 등록할 때는 흔히들 강사에게 '잘 부탁드린다' 혹은 '열심히 해보겠다'라고 이야기합니다. 그런데 레슨 10회권 등록을 마친 K는 조금 달랐습니다.

　"최선을 다해보도록 하겠습니다."

　최선을 다하겠다니, 색다른 인사라고 생각했죠. 하지만 며칠이 지나 첫 레슨 날이 되었을 때, 저는 그게 결코 빈말이 아니었음을 여실히 깨달을 수 있었습니다. K는 레슨 때마다 온몸이 땀에 절 만큼 최선을 다해 운동했고, 탈의실에서 옷을 갈아입기 힘들 정도로 기력이 소진되어야만 제대로 운동했다고 느끼는 듯했습니다. 160센티미터가 채 되지 않는 키에 깡마른 체구의 그녀가 기구 위에서 팔다리를 부들부들 떨면서도 이를 악물고 정해진 반복 횟수를 끝까지 채우는 모습을 보고 있자면, 대단하다 싶으면서도 한편으론 안쓰러운 마음이 들곤 했습니다.

그도 그럴 것이, 매번 K가 센터 문을 열고 들어오는 모습은 마치 전쟁 영화의 한 장면 같았거든요. 거의 다 지워진 메이크업에 헝클어진 머리카락, 구부정한 걸음걸이……. 이미 회사에서 모든 에너지를 다 쓴 듯, 거의 탈진 상태로 보이는 K는 운동복이 든 가방을 한쪽 어깨에 메고는 마치 전쟁터에 나가는 병사처럼 비장하기 이를 데 없는 표정으로 등장했습니다. 멀리 등 뒤로 하얀 연기가 피어오르며 '오늘도 끝까지 불태워보자'라는 말풍선이 두둥실 떠오르는 것만 같았죠. 강사들이 아무리 밝게 인사해도 K는 고개만 살짝 끄덕일 뿐, 미소를 보이거나 별다른 대꾸를 하지 않았습니다. 함께 있는 한 시간 동안 그녀에게서 들을 수 있는 가장 또렷한 말은 대개 이런 한 문장뿐이었습니다.

"이거 이렇게 하는 거 맞아요?"

회원의 몸 상태에 따라 이렇게도 할 수 있고 저렇게도 할 수 있는 동작이라고 설명하면, 그렇지 않아도 굳어 있는 K의 얼굴 근육은 더욱 딱딱해졌습니다.

"그래서 이게 맞다는 거예요? 틀린 것 같은데요?"

"음, 교과서적인 자세가 아니긴 하지만, 지금 회원님 몸 상태로는 방금 하신 자세가 훨씬 더 적절해요. 매우 잘하신 겁니다."

"……"

그렇게 레슨 내내 이게 맞냐고 묻는 K와, 정답은 없다고 말하는 저 사이에 미묘한 실랑이가 계속되었습니다. 워낙 군인처럼 딱딱한 말투로 퉁명스럽게 질문하다 보니 옆에서 듣고 있던 다른 강사들이 저를 걱정할 정도였죠.

아슬아슬한 10회 레슨이 끝나갈 무렵, 저는 'K 님이 레슨에 불만족한 것 같으니 재등록은 하지 않겠지'라며 체념한 상태였습니다. 그런데 마지막 레슨을 앞두고, K가 갑자기 30회 장기 회원권 등록을 하는 게 아니겠어요? 깜짝 놀란 저는 그제야 내가 K 님의 본심을 파악하지 못하고 있었구나 싶었습니다. 퉁명스러운 말투와 굳은 표정이 K에게는 '보통의 일상' 같은 거였지요.

열한 번째 레슨부터는 레슨 시작 전후에 조금씩 스몰토크를 시도했습니다. 세상만사를 '맞고 틀림'으로 인식하는 것으로 보아 타고난 '이과생'이 아닐까 궁금하기도 했거든요. 저의 짐작대로 K는 굴지의 IT 회사에 다니고 있었고, 자신의 정체성을 두고 '뼛속까지 공대생'이라고 설명했습니다. 그동안 헬스, 테니스, 스피닝, 수영, 골프 등 여러 운동을 시도해보았는데, 하나같이 재미가 없고 스트레스만 받아서 그만두었다고 했지요. 필라테스를 해보니 어떠냐는 질문에는 "정답이 없어서 짜증 나요"라는 날카로운 답변이 돌아왔습니다. 심드렁한 표정에, 미간을 찌푸리며, 정말로 짜증이 잔뜩 난 말투로 말하는 그녀가 어쩐지 귀엽게 느껴져서 저는 그만 웃음이 터지고 말았습니다.

"맞아요. 정답이 없지요. 그래서 더 좋지 않나요?"

별다른 이유도 없이 깔깔거리는 제 모습이 재미있었는지, 처음으로 K의 입꼬리에도 슬그머니 미소가 떠올랐습니다. 그러더니 뜻밖의 이야기를 꺼내더라고요.

"이게 좋은 건지는 모르겠는데, 계속 해야겠다는 생각은 들어요. 정답이 없어서 짜증 나는데, 그래선지 부담이 없거든요. 다른 운동 할 때는 뭐랄까…… 일의 연장선 같았는데, 여기 올 때는 마음이 편해요."

그날 이후로 조금씩 마음의 문을 열기 시작한 K는 강사들의 인사도 잘 받아주고, 수업 시간에 농담을 던지면 희미하게나마 웃기도 하는 등 조금씩 경계를 푸는 모습을 보였습니다. 더 이상 전쟁영화 주인공처럼 비장한 표정을 하지도 않았고요. 그러자 비로소 이십 대 중반의 앳된 얼굴이 제대로 드러나는 듯했지요. 하지만 수업 때마다 계속되는 우리의 '맞다/틀리다' 실랑이는 도무지 멈출 기미가 보이지 않았습니다. 동작을 하기 위해 준비 자세를 취하라고 하면, 그때부터 질문 폭격이 시작되었습니다.

"잠시만요. 저 지금 제대로 한 거 맞아요?"

"지금 오른쪽 다리에 힘 들어가면 안 되는 거죠?"

"여기에서 허리 다 안 펴지면 틀린 거죠?"

아직 동작을 제대로 시작하지도 않았는데, 강사의 큐잉(운동을 수행하게 하는 언어적 지시)과 자기 몸이 조금이라도 다르면 도무지 움직일 생각조차 하지 않는 K 때문에 수업 분위기가 종종 살벌해지곤 했습니다.

"K 님, 일단 그냥 동작을 해보세요. 해보고 어떤 느낌인지 다시 볼게요."

"아니요. 이거 지금 틀린 것 같다니까요?"

"아니, 일단 동작을 해보시라니까요?"

결국 백기를 든 제가 '교과서적인 동작'은 이렇고, 강사들은 이 동작을 이런저런 식으로 하고, 지금 필라테스 초보 단계인 K 님 몸 상태로는 그대로 수행하기에 무리가 있

어 약간 변형할 수밖에 없다고 상황을 풀어서 설명해주었
죠. 그러자 K는 마지못해 고개를 살짝 끄덕이고는 다시 준
비 자세를 취했습니다. 하지만 그마저도 한두 번 해보고
는 고개를 들어 원래대로 한 번만 시도해보면 안 되냐고
물으며 '맞는 동작'에 끊임없이 집착했지요. 온몸이 땀에
젖은 채, 오버 트레이닝으로 팔다리에 경련이 이는데도
매번 '더 힘들게, 더 어렵게'를 외치는 K의 모습에, 언제부
턴가는 이러다가 내가 이 사람을 다치게 할 수도 있겠다
싶어서 가슴이 덜컥 내려앉았습니다. 그래서 어느 날에는
평소와는 다른 방식으로 질문을 던져보았죠.

"K 님, 지금 동작 해보니까 어떤 느낌이 드나요?"

"느낌이요? 이게 틀렸다는 느낌이 들죠."

"아뇨, 그건 그냥 '생각'이고요. 어떤 '느낌'이 들어요?
아프다, 시원하다, 당긴다, 욱신거린다 같은 느낌 말이에
요, 느낌."

"음……."

갑자기 K의 얼굴이 처음 만났을 때처럼 딱딱하게 굳어
졌습니다. K는 그렇게 한참을 아무 말 없이 곰곰이 생각만
하더니 곤란한 듯이 이렇게 물었습니다.

"지금 어떤 느낌이 들어야 맞는 건데요?"

그러고 보니 반년 넘는 시간 동안 매주 세 번씩 만나면서도, 한 번도 그녀에게서 '재밌다' '시원하다' '개운하다' 같은 '감정 언어'를 들어본 적이 없는 것 같았습니다. 그날 컨디션을 물어보아도 "네, 뭐 그냥……"이라며 얼버무리고, 주말에 있었던 일이나 가까운 사람들과의 관계에 대해서도 "그냥 맨날 그렇죠, 뭐"라며 얼렁뚱땅 넘어갔었죠.

"몸의 느낌에 맞고 틀린 게 어디 있겠어요. 그냥 있는 그대로를 말씀하시면 돼요."

저의 말에도 고개를 갸웃거리며 한참을 침묵하던 그녀가 어렵게 입을 열었습니다.

"선생님, 저도 지금 이 말이 되게 이상하다는 거 아는데요, 진짜 그 질문에 뭐라고 대답해야 할지 모르겠어요."

그날 이후 우리는 레슨 전후 틈만 나면 기구에 걸터앉아 허심탄회하게 이야기를 나눴습니다. K는 자신의 삶이 '사지선다형 인생' 같다고 말했습니다. 어렸을 때부터 그녀는 늘 '영재' 소리를 들었고, 학창 시절 내내 집과 학교, 학원만 기계처럼 오가는 모범생이었죠. 공부에 집중해야 한다는 이유로 학업 이외의 것들은 깡그리 차단되었고, 그 흔한 게임을 해본 적도, 친구들과 노래방에 가본 적도 없었습니다. 어른들의 통제에 화가 나거나 저항하고 싶은 마음이 생기기보다는 오히려 정답이 정해져 있어서 편했습니다. 그렇게 대학을 가서도 시계추처럼 학교와 자취방만 오가는 삶을 살았고, 덕분에 우수한 성적으로 졸업하며 좋은 직장에 취직할 수 있었고요. 그런데 그때부터 문제가 시작되었습니다. 늘 정답을 고르기만 하면 되어서 인생에 별다른 어려움이 없었는데, 회사에 취직하면서부터 '멘붕'이 온 거죠.

"제 생각엔 일만 똑바로 하면 될 것 같은데, 사람들이 자꾸 제 말투를 지적하는 거예요. 눈치가 없다는 둥, 융통성이 없다는 둥……. 제 기준엔 쓸데없는 것들로 자꾸 시비를 거니까 회사가 저랑 안 맞는 건가 싶어서 고민이에요."

회사에서 쌓인 스트레스를 풀려고 여러 가지 운동을 시도해보았지만, K는 운동을 하러 가서도 항상 더 잘해야 한다는 압박감에 시달렸고, 그러다 어느 순간 홧김에 그만두길 반복했습니다. 스스로도 뭔가 문제가 있다고 느끼고는 있었지만 그 실체가 무엇인지 알 수 없어 답답했는데, 그날 제가 던진 말, '지금 어떤 느낌인지를 말로 표현해보라'라는 질문에 제대로 답하지 못하는 자신을 보고 조금은 감을 잡았던 거죠.

"선생님, 제 몸은 주관식인 거죠? 그것도 정답이 없는"

몸의 감각에 둔감해져 있고, 기분과 감정까지 차단해버리는 습관을 가진 K에게는 자기 자신조차 인지하지 못했던 건강 문제까지 있었습니다. 어릴 때부터 음식에 관심이 없었다는 K는 혼자 살기 시작한 이후 끼니마다 인스턴트 음식 위주로 간단하게 때웠고, 하루 수면량이 평균 세 시간 남짓일 정도로 심각한 불면증에 시달렸습니다. 하지만 영양 결핍과 수면 부족 문제도 아랑곳하지 않고 남들도 다 이러고 살지 않느냐며 회피했지요. 왜 맛있는 음식에 흥미를 느끼지 못하는지, 왜 깊은 잠을 이루지 못하는지 깊이 고민해보는 일은, 그녀에게는 너무 어려웠습니다. 마치 정답이 따로 없는 주관식 문제를 푸는 기분이었던 겁니다.

감정을 표현하기 어려워하는 K를 위해, 우리는 센터에서 만날 때마다 오늘의 컨디션을 느낌/감정 언어 다섯 가지로 표현하기 시작했습니다. 처음에는 고작 "오늘…… 좋았어요"라는 말밖에 하지 못하고 쑥스럽게 웃던 K는 몇 달이 지나자 점차 나아졌습니다.

"오늘은 아침 녘에 몸이 노곤해서 이불에서 나오기가 싫었고요, 엊그제 운동했던 허벅지는 아직도 아파요. 일하고 나서는 어깨가 찌뿌둥해서 오기 전에 시원하게 스트레칭도 좀 했어요. 아까 지하에 주차하고 나서는 오늘도 운동하러 오다니 너 참 대단하다며 '셀프 칭찬'도 해줬다니까요."

단지 사용하는 언어를 조금만 바꾸었을 뿐인데, 어떤 말을 해도 쿠션처럼 푹신하게 받아주는 운동 강사와 틈만 나면 수다를 떨었을 뿐인데, K는 날이 갈수록 달라졌습니다. 한땐 집에 걸어가기 힘들 정도로 고강도 운동만 추구했지만 점차 몸에 알맞은 적정한 운동 강도를 찾아가는 모습도 눈에 띄었지요. 무엇보다 예전보다 훨씬 자주 웃고 말수도 많아지면서 전체적인 분위기까지 밝아졌고요. 잔뜩 굳은 표정의, 항상 화가 난 사람 같아 보이던 K는 온데간데없이 사라진 것만 같았습니다.

함께 운동한 지 1년쯤 되었을 무렵, "넵, 그때 뵈어요"라는 무뚝뚝한 메시지만 보내던 K로부터 제법 긴 문자 한 통을 받았습니다.

'선생님을 만나기 전에는 제 기분이나 감정을 말하는 게 '나쁜 일'이라고 생각했어요. 저희 가족 분위기가 그랬거든요. 아픈 걸 아프다고 말하면 '조용히 해라. 그렇게 운다고 아픈 게 나아지냐'라는 대답이 돌아왔고, 힘들다고 하면 '나약한 소리 좀 하지 마라'라는 소릴 들었어요. 부모님에겐 무슨 일이든 '팩트'가 가장 중요했죠. 그러다 보니 집에서는 늘 저라는 존재 자체를 인정받지 못하는 느낌이었던 것 같아요. 그런데 선생님을 만나 몸에 대한 솔직한 이야기를 나누다 보니, 저도 모르게 스스로에게 참 많이 너그러워진 것 같아요. 살면서 한 번도 느껴보지 못했던 편안함을 요즘 들어 자주 느끼고 있어요.'

처음 만났을 때의 모습은 온데간데없이 사라진 그녀의 다정한 모습이 얼마나 반갑던지요. 옆에 있다면 작고 가냘픈 그녀의 등을 말없이 꼭 끌어안아주고 싶었습니다.

K는 이후로도 다정하고 유머러스한 회원이 되어주었습니다. 얼마 후 제가 일하는 곳을 떠나게 되어 아쉽게 이별하게 되었지만, 그 후로도 1년에 한 번쯤은 잘 지내시냐는 안부 문자를 보내주곤 했지요.

사회 초년생이던 그녀가 이제는 결혼도 하고 아이도 낳았을 만큼 세월이 흘렀습니다. 부부관계와 육아처럼 '맞고 틀리고'로는 도저히 해결하기 힘든 삶의 과제를 마주하고 있을 K가 과연 그 난관을 어떻게 헤쳐나가고 있을지 종종 궁금해질 때가 있습니다. 누구에게나 들어맞는 정답을 찾아 헤매고 있을지, 그럼에도 무엇이 정답인지 몰라 전력을 다해 발버둥 치고 있을지 잘 모르겠어요. 다만 고난과 선택의 순간 K가 저와 함께 연습했던 대로 '나의 내면을 알아차리고 마음이 흐르는 대로 선택하기'를 잘 적용하며 살고 있기를 진심으로 기도해봅니다.

## 애엄마처럼 보이지 않는다는 말

"이 회원님은요, 뭣보다 예쁜 게 참 중요한 분이에요."

회원 S의 고객정보 파일을 앞에 놓고 인수인계 중이던 저는 종이와 펜을 향하고 있던 눈을 들어 맞은편에 앉아 있는 강사를 바라보았습니다.

"그게 무슨 말이에요?"

S를 담당하던 강사는 눈을 동그랗게 뜨고 묻는 저를 향해 두고 보면 알게 될 것이라며 빙그레 웃기만 했습니다. 보통은 회원의 특징에 대해 얘기할 때 근육량이 매우 적다든지, 너무 강한 강도의 운동은 기피한다든지, 다이어트에 관심이 많다는 등의 언급이 나오는 법인데, 예쁜 게

중요하다니……. 도무지 종잡을 수 없는 아리송한 정보였죠. 일단 만나보시라는 말만 반복하는 강사에게 자세히 좀 설명해달라고 꼬드겨보았지만, 그녀는 고객 파일을 넘겨주며 "이분 마음을 선생님이 좀 해석해보시면 좋겠네요"라는 더욱더 모호한 말만 남긴 채 다음 수업에 들어가버렸습니다.

개인적인 사정으로 일하는 곳을 옮긴 강사를 대신해 제가 맡게 된 회원 S는 두 딸의 엄마이자 중견기업 과장으로 일하는, 남들이 말하는 '좋은 조건'을 두루 갖춘 재원처럼 보였지요. 첫 레슨 시간, 갑자기 강사가 변경되어 죄송하다는 저의 말에 "괜찮아요. 그럴 수도 있죠"라며 방긋 미소 짓는 그녀는, 목소리나 말투도 곱디고운, 참으로 지적이고 단아한 여성이었습니다. 한복이 잘 어울릴 것 같은 가녀린 이목구비에 새하얀 피부, 집안일이라곤 해본 적도 없을 것 같은 곱고 부드러운 손이 눈에 띄었는데, 단정한 외모와는 어울리지 않게 유난히 화려한 액세서리를 많이 착용하고 있었죠. 보통 필라테스 레슨을 받으러 올 때는 액세서리를 빼고 오거나, 많아도 한두 개 정도 착용하는 게 일반적입니다. 그런데 손가락 가득 겹겹이 끼워진 반지와 한눈에 보아도 명품 브랜드인 게 분명한 팔찌,

동전만 한 보석이 번쩍이는 목걸이까지……. 운동을 하러 왔다기보다는 동창회나 학부모 모임에 나온 듯 보여서 조금은 당황스러웠습니다.

"S 님, 이제 기구를 양손으로 잡아야 하는데, 반지 때문에 손가락이 아플 수도 있어요. 잠시 이쪽에 빼두는 게 좋겠어요."

"어머, 죄송해요. 빼고 왔어야 하는데, 점심시간을 이용해서 운동하러 오다 보니 이렇게 정신이 없네요."

잠시 뒤 운동을 마치고 한쪽에 빼둔 액세서리를 다시 하나하나 착용하며 기다리게 해서 죄송하다고 연신 고개를 숙이던 S는, 놀랍게도(?) 다음 수업 때 이전과 똑같이 반지와 팔찌, 목걸이를 빠짐없이 착용한 모습이었죠. 매번 액세서리를 빼고 다시 착용하는 게 번거로울 텐데도 결코 포기하지 않는 것을 보니 문득 '예쁜 게 중요하다'고 한 담당 강사의 조언이 떠올랐습니다.

S는 패션에 일가견이 있어 보였습니다. 머리부터 발끝까지 컬러를 일정하게 매치하거나, 마치 고급 의류 브랜드 매장에 놓인 마네킹 디스플레이를 그대로 옮긴 것처럼 구색이 맞는 옷차림을 즐기는 듯했지요. 센터 문이 열리고 S가 걸어 들어오면 강사들이 일제히 "와~, S 님, 오늘도

너무 예쁘세요!"라고 탄성을 내지르는 날이 한두 번이 아니었습니다.

레슨 횟수가 쌓이면서 저는 S에게 예쁘다는 게 얼마나 중요한지 더욱 잘 알 수 있었습니다. 그녀는 날마다 SNS에 있는 수많은 인플루언서를 팔로우하며 수시로 그들이 판매하는 '공구' 제품을 사들였습니다. 콜라겐, 효소, 비타민, 화장품, 마스크팩, 괄사, 글루타치온……. 종류를 다 셀수 없을 만큼 많은 제품을 구매하면서 늘 이것까지만 살 거라고 다짐하지만, 며칠 지나지 않아 매번 그 다짐이 무너지고 말았죠. 그뿐만이 아니었습니다. S에게는 단골 피부과와 성형외과가 있어서, 수시로 피부 재생시술이나 쁘띠성형을 하고 있었습니다. 그곳 상담실장들이 권하는 것이라면 거의 대부분 망설임 없이 시도해보는 것 같았죠. 이야기를 듣다 보면 이렇게 똑똑한 사람이 왜 이리 상술에 약한 걸까 하는 의문이 생기곤 했습니다. 그럴 때마다 "이분 마음을 선생님이 좀 해석해보시면 좋겠네요"라고 했던 예전 담당 강사의 말도 함께 떠올랐죠.

외모를 가꾸는 것에 진심을 다하는 S였기에, 55 사이즈에 대한 집착도 실로 대단해 보였습니다. 매일 체중을 재며 칼같이 식단 조절을 하는 것은 물론이고, 이 정도면 '체성분 분석기 의존증'이 아닐까 싶을 정도로 자주 측정을 요구했으니까요. 참고용 자료로만 보라는 저의 조언에도 아랑곳하지 않고, S는 체지방률 18퍼센트를 유지해야 한다며 결과지를 소중하게 품에 안은 채 집으로 돌아가곤 했습니다.

꾸준하고 치밀한(?) 노력 덕분에 확실히 S는 나이보다 어려 보였습니다. 언뜻 '삼십 대가 맞나?' 싶은 얼굴과 몸매에, 탄탄한 직장, 다정한 남편, 사랑스러운 두 딸까지. 그야말로 '행복의 조건'들로 가득 둘러싸인 사람처럼 보였지요. 그렇게 저 역시 S는 단순히 '예쁜 게 중요한 사람'이라는 생각을 굳힌 지 얼마 되지 않아, 레슨을 하던 도중 그녀에게서 뜻밖의 이야기를 들을 수 있었습니다.

"(동작을 하다가 갑자기 멈추고) 선생님, 선생님은 남편분이랑 사이가 좋으세요?"

"네? 갑자기 왜 그러시죠?"

S는 오늘은 진짜 이 말을 꼭 해야겠다는 결연한 표정으로 영문도 모른 채 멀뚱히 서 있는 저를 향해 자세를 고쳐 앉았습니다. 결의에 찬 그녀의 눈빛에 레슨실 공기가 순식간에 무겁게 가라앉았지요.

"선생님이 상담도 전공하셨다고 해서, 꼭 한 번은 제 고민을 말해보고 싶었어요."

이렇게 S의 이야기가 시작되었습니다. 동화책 결말에 나오는 "그 후로 그들은 행복하게 살았답니다"와 같은 완벽한 결혼생활을 누리는 듯 보였던 S는 사실 '이혼 직전의 위기'에 놓여 있다고 했습니다. 가장 큰 갈등 원인은 S 자신의 '지나친 소비'였습니다. 맞벌이를 하며 각자 자기 월급을 관리하던 중 그녀가 본인 월급 대부분을 외모를 위한 소비에 쓰고 있다는 걸 남편이 알아버렸고, 그 이후로 약 1년 동안 지속적으로 말다툼을 해왔거든요. S의 남편은 신혼 초부터 자기 월급에서 충분한 양의 생활비를 떼어 아내에게 주고 있었는데, 막상 아내의 월급은 전부 외모 가꾸기에 소진되고 있었다는 사실에 불같이 화를 냈습니다. 이건 나에 대한 배신이라면서요. 눈만 마주치면 서로를 비난하며 언성을 높여대니 어린 두 딸은 공포에 시달렸고, 최근에는 둘째 아이가 불안 증세를 보여 심리상담센터까지 다닌다고 했습니다.

"저도 제가 과하다는 건 알아요. 하지만 이 정도도 못 쓰면 정말 사는 낙이 없을 것 같고, 하지 말아야지 하면서도 어느새 다시 결제를 하고 있는 제 자신에게 자괴감이 들어요."

S는 처음 남편과 다툰 이후에도 씀씀이를 줄이지 못해 혼자 고민하다 급기야 남편 몰래 은밀한 소비 생활을 하게 되었다고 털어놓았죠. 영수증을 철저하게 폐기하고, 시술 받거나 운동하러 오는 시간도 일부러 일과 시간 중에 배치해 남편이 결코 알 수 없도록 조심했습니다. 필라테스를 하러 다닌다는 사실조차 배우자에게 비밀로 하고 있다는 말에 조금 놀랐지만, 한편으론 이렇게까지 용기 있게 본인의 치부를 드러내며 도움을 요청하는 모습을 보니 어떻게든 돕고 싶다는 마음이 들었습니다.

S는 본인을 '뭐 하나 특별한 게 없는 사람'이라고 표현했습니다. 어릴 때부터 특별히 예쁘지도 않았고, 특별히 공부를 잘하지도 못했으며, 특별히 좋은 대학교에 진학하지도, 특별히 이름 있는 회사에 취직하지도 못했다고 했죠. 그림 그리기나 악기 연주에 도전해보았지만, 그 역시 평범하기 짝이 없는 실력을 보이는 통에 스스로에게 실망했고요. 그렇게 본인이 특별하지 않다고 생각하게 된 배경에는 그녀의 부모님이 있었습니다. 부모님은 늘 S를 그녀의 '잘난 언니'와 비교하기 일쑤였죠. S는 공부도 잘하고 친구들에게 인기도 많더니, 좋은 대학에 가서 돈 잘 버는 남편과 결혼한 팔자 좋은 언니와 '태어난 순간부터 지금

까지 비교당하는 중'이었습니다.

　　그러던 중 결혼을 하고 두 아이의 엄마가 된 뒤, 우연히 회사 동료들로부터 "S 씨는 애엄마 같지가 않아"라는 일종의 '프레임'이 씌워졌습니다. 새 옷을 사면 "역시 S 씨는 애엄마 같지 않게 입어"라고 칭찬받았고, 피부관리를 받으면 "역시 S 씨는 우리랑 달라. 아가씨 피부 같아!"라는 소리를 들었죠. 평생 처음 받아보는 '대접'에 처음에는 얼떨떨하다가 시간이 흐를수록 '여기서는 나도 좀 특별하구나'라는 생각을 하게 되었습니다. 외모를 가꾸기 위한 온갖 방법을 동원하다 보니 점차 동네 아이 엄마들 무리에서도, 다니고 있던 교회에서도, 종종 "S 씨는 뭔가 달라"라는 평을 들었고요.

　　"애엄마처럼 보이지 않는다는 말, 저는 그 말에 중독된 것 같아요. 한동안 그 말을 안 들으면 뭔가 불안하고 우울해져요."

　　잔뜩 어두워진 표정의 S는 이 중독 탓에 남편과 아이들까지 불행해진 것 같다며 눈물을 떨궜습니다.

　　어린 시절 부모로부터 충분한 정서적 지지를 받지 못했거나, 지속적으로 남과 비교당하며 모멸감을 경험한 사람들은 자아의 어느 한 부분에 깊은 상흔이 남아 있지요.

성인이 되어 이제는 있는지 없는지 느껴지지도 않는 그 상흔은 의외로 힘이 세서, S의 경우와 같이 '스스로도 이해할 수 없는 선택'을 반복적으로 하게 만듭니다. 그리고 그 선택의 내용을 자세히 들여다보면 '내가 타인에게 어떻게 비칠 것인가'가 모든 판단에 가장 강력한 기준으로 작동하고 있음을 알 수 있죠. 영국의 소아과 의사이자 정신분석학자였던 도널드 위니캇Donald Winnicott은 이렇게 모든 판단의 기준을 외부에 맞춘 채 타인의 시선에 극도로 민감한 이들을 두고 '거짓 자기False Self'의 상태라고 일컬었습니다. 어린 시절 부모로부터 형제, 친구, 사회적 기준과 끊임없이 비교당한 경우 자신이 '있는 그대로 사랑받을 수 없다'라고 느껴 이러한 마음 상태를 갖게 될 수 있다고 보았죠. S의 경우에도 '내가 나로서 충분하다'라는 기본적인 자존감이 어린 시절 내면에 제대로 자리 잡지 못했고, 성인이 된 이후 타인에게 인정받는 것으로 욕구를 채우다 보니 감당하기 힘든 소비 습관을 갖게 되어 현재의 문제에 봉착한 것 같았습니다. 레슨 전후 짧게 대화를 나누는 것만으로는 그녀가 갖고 있는 상처를 치유하기에 역부족이라는 판단이 섰죠. 저는 특단의 조치를 내렸습니다.

"S 님, 이번 달 소비는 피부과가 아닌 다른 곳에서 해보시죠. 일주일에 한 번씩, 개인상담과 부부상담을 받아보세요. 지금은 근육보다 내면의 힘을 기르는 게 필요하고, 관계를 회복하는 일이 훨씬 더 중요한 상태인 것 같아요. 남편분께 지금 점심시간을 이용해서 운동하고 있다는 사실을 알리고, 만약 반대하신다면 관계가 회복될 때까지만이라도 잠시 운동을 멈춰보세요."

놀란 눈으로 가만히 제 이야기를 듣고 있던 그녀는 잠시 고민하는 듯하더니 작게 고개를 끄덕였습니다. 솔직히 S가 저의 제안을 거절하거나 무시해버릴 수도 있다고 생각했습니다. 나보고 상담소에 가보라는 거냐며 불쾌해할지도 몰랐죠. 남아 있던 레슨 횟수를 모두 소진하던 날, 입구에서 그녀를 배웅하며 이게 S와의 마지막일지도 모른다는 생각에 가슴 한구석이 먹먹해졌어요. 한편으로는 내가 괜한 말을 해서 고객 한 명을 놓치는 건가 싶기도 했죠. 하지만 언제나 그 모든 잡념을 잠재운 것은 '이 사람을 돕고 싶다'라는 제 안의 강한 집념 하나였습니다.

S를 다시 만난 것은 그로부터 석 달이 지난 뒤였습니다. 놀랍게도 처음 보는 장난기 가득한 얼굴로 함박웃음을 짓고 있었지요.

"선생님, 저 오늘 남편 카드 들고 왔어요. 저 재등록해 주세요!"

S는 그간 부부상담을 통해 남편과 묵은 갈등을 해소할 수 있었고, 개인상담을 하면서는 과거 본인에게 얼마나 큰 '인정 결핍'이 있었는지 깨달았다고 했습니다. 사람들에게 인정받고 싶다는 강한 욕구가 지나친 소비로 연결되었고, 그 소비를 통해 행복해지기는커녕 오히려 스스로 자괴감을 느끼고, 가족들과 불화한 것이었죠. 다른 액세서리 없이 결혼반지 딱 하나만 착용한 그녀의 허전한 손이, 화장기 없이 수수한 그녀의 얼굴이 오히려 그 어느 때보다도 아름다워 보이는 건 착각이었을까요?

이대로 동화처럼 완전히 나아졌다면 정말 좋았겠지요? 하지만 이후에도 S는 수년에 걸쳐 심한 불안과 깊은 우울을 경험하며 몇 번의 힘든 고비를 넘겼습니다. 과소비를 멈추자 식탐이 걷잡을 수 없이 강해졌고, 몸무게가 10킬로그램 가까이 늘어나면서 우울감이 더욱 심해지기도 했죠. 다행히 남편과 아이들은 전적으로 그녀의 편이 되어주었고, 그녀 역시 아무리 힘이 들어도 일주일에 한 번 가는 상담과 운동 스케줄을 목숨처럼 지키며 몸과 마음의 회복에 대한 강한 의지를 드러냈습니다.

누구에게나 힘든 시간이었겠지요. 그러나 그 지난한 세월을 보내고 나서 S는 그녀가 과거 그토록 노력하며 외모를 가꾸던 때보다 더욱 아름답고 성숙해졌습니다. 부드럽고 편안한 표정은 본래 그녀가 가진 단아한 이목구비를 더욱 돋보이게 해주었고, 남편과 아이들 이야기가 나올 때마다 자연스레 새어 나오는 특유의 미소는 봄날의 햇볕처럼 따스했습니다. 그 미소를 바라보고 있자니 저절로 알 수 있었습니다. 타인의 인정에서 자유로워진 영혼이 이토록 고고히 아름답다는 것을 S가 스스로 증명해냈다는 사실을요.

## 완소녀도 소때녀도 멋있어요

거의 푸른빛이 느껴질 만큼 새까만 눈망울과 짙은 눈썹 덕분에 다소 강해 보이는 인상의 H가 상담지를 작성하다 말고 고개를 들어 물었습니다.

"여기 직업란은 꼭 써넣어야 하는 건가요?"

"회원님들의 몸을 더욱 잘 이해하기 위해서는 결국 어떤 일을 하고 계시는지 알아야 하더라고요. 혹시라도 불편하다면 적지 않으셔도 됩니다."

저의 대답에 그녀는 잠시 망설이는 듯하더니 빈칸에 아주 작은 글씨로 '자영업'이라고 적었습니다. H는 오십대 초반 여성으로, 딸 둘에 아들 하나, 세 명의 자녀를 둔

워킹맘이었습니다. 목과 허리에 디스크성 통증이 심해져서 운동을 하기로 결심했다지요.

첫 번째 레슨을 하면서 몇 번이나 속으로 깜짝 놀랐을 정도로 H는 오십 대 여성치고는 근육량이 매우 많고 유연성도 좋은 편이었습니다. 분명히 한평생 숨쉬기 운동밖에 해본 적이 없다고 했는데, 그 말이 믿기지 않았습니다. 170센티미터가 넘는 키에 길쭉길쭉한 팔다리로 필라테스 기구 위를 누비는 모습은 마치 화보의 한 장면 같았지요. 한편으론 어떤 일을 하면서 어떻게 살아왔기에 이렇게 좋은 몸을 타고났으면서 디스크로 고생했을까 싶어 그녀가 하는 일이 더욱 궁금해지기도 했습니다.

"이런 몸을 물려주신 부모님께 감사하셔야 해요."

레슨을 마치고 출입문 앞에서 인사를 하며 건넨 이야기에 H는 아무런 대답 없이, 의미를 알 수 없는 묘한 표정으로 고개만 꾸벅 숙이고는 황급히 엘리베이터 쪽으로 향했습니다.

10회 정도 레슨이 이어지면서 H의 필라테스 실력은 그야말로 일취월장했습니다. 강사들도 어려워하는 고난도 동작도 척척 해내는 그녀에게 저는 칭찬을 아끼지 않았고, 한편으론 이런 그녀가 디스크 환자라는 사실이 더욱 의아했죠. 운동 중에 딱히 통증을 느끼지도 않았고, 가동 범위가 줄어든 관절도 없었거든요. 분명히 내가 모르는 모습이 있겠거니 짐작만 할 뿐이었습니다. 그런데 어느 날, 밖에서 우연히 마주친 H의 모습에 저는 깜짝 놀라고 말았습니다.

집에서 아이에게 저녁밥을 챙겨주고 서둘러 다음 레슨을 하러 센터가 있는 건물로 향할 때였습니다. 신호등을 건너려는데 마침 맞은편에 H로 보이는 여자가 눈에 들어왔죠. 핸드폰을 들여다보고 있는 그녀는 분명히 H가 맞았습니다. 하지만 잔뜩 굽은 등에 축 처진 어깨를 한, 마치 칠십 대 노인과도 같은 모습이었습니다. 170센티미터가 넘는 큰 키였지만 신호를 기다리고 서 있는 모습은 160센티미터 정도 되는 여성보다도 훨씬 작아 보이는 느낌이었죠. 해진 듯한 회갈색 티셔츠와 검은색 트레이닝 팬츠가 몸을 더욱 왜소해 보이게 만드는 것도 같았습니다. 꽤 긴 대기 시간 내내 미동도 없이 자라처럼 목을 쭉 빼고 핸드폰만 들여다보고 있는 H를 보자 왠지 가슴 한쪽이 답답해졌습니다. 평소 일상에서 저런 자세로 지내는 줄도 모르고, 고난도 동작을 수행하는 모습만으로 '좋은 몸'이라고 판단하고 있었다니 기가 막힐 노릇이었죠.

바로 다음 번 레슨부터 '일상 속 자세'에 관한 저의 일장 연설이 이어졌습니다. 서 있을 때는 이렇게, 앉아 있을 때는 이렇게, 핸드폰 볼 때는 이렇게…… 하나하나 직접 상황극까지 하면서 열변을 토했지만, 사실 그녀가 정확히 어떤 일을 하는지 모르니 이 모든 게 수박 겉 핥기 같다는 생각이 들기도 했지요. "H 님이 어떤 일을 하는지 알면 제가 더욱 자세히 알려드릴 수 있는데……"라고 말끝을 흐려 보아도 그녀는 빙그레 웃기만 할 뿐이었습니다.

물론 직업을 짐작해볼 수 있는 특징이 있긴 했습니다. 일단 오후 네 시경 출근해 새벽 한 시쯤 되어야 퇴근한다고 했고, 유난히 손을 많이 쓰는 일이라고 말한 적이 있어서, 자영업 중에서도 요식업이 아닐까 추측했죠. 늘 똑같은 검정 트레이닝복만 즐겨 입는 것도 어차피 출근하면 상호가 적힌 유니폼 같은 걸 입기 때문이 아닐까 싶었고요. 그렇다면 대체 왜 음식점을 운영하고 있다는 걸 알리고 싶지 않은 걸까……. 궁금증이 해소되지 않은 채 레슨 횟수만 차곡차곡 쌓여갔습니다. 그러던 어느 날, 바르게 선 자세를 확실히 알려주기 위해 기구에서 마룻바닥으로 그녀를 내려오게 한 다음, 벽면을 가득 채운 커다란 거울과 마주 보게 했을 때였어요.

"발은 이렇게, 다리는 이렇게, 엉덩이는 이렇게, 복부에 힘을 주고……. 머리는 헬륨 풍선처럼 하늘로 올라간다고 상상해보세요. 척추는 스프링처럼 위로 길어진다고 생각하시고……"

"푸흡!"

제가 열심히 큐잉을 하고 있을 때 갑자기 웃음을 터뜨린 H는 이내 쑥스러운 듯 두 손으로 입을 가렸습니다.

"헬륨 풍선이라는 표현이 재미있죠? 다른 분들도 많이 웃으시더라고요."

"아뇨, 선생님. 그런 게 아니라, 저는 평소에 늘 사람들 앞에서 굽실거리고 있거든요. 그런데 이렇게 등을 쭉 펴고 고개를 빳빳하게 들고 있으려니 거울 속 제가 너무 낯설어서 웃음이 나네요."

"굽실……거린다고요?"

잠시 고민하던 H는 조심스레 말을 이었습니다.

"사실은 저, 고깃집 해요. 남편 때문에 시작하긴 했는데……. 손님들은 맨날 술 먹고 진상 부리고, 저는 그런 사람들한테 늘 굽실거려야 하고……. 이런 일 하는 게 너무 싫어서 선생님께 굳이 얘기하고 싶지 않았어요."

남편과 함께 대학가에서 돼지고기 전문점을 운영한 지

7년쯤 되었다고 했습니다. 장사도 잘되는 편이었지요. 하지만 '어쩔 수 없이 하는 일'이라 보람과 재미는 크지 않았어요. 그녀가 그렇게 생각하는 배경에는 부모님의 영향이 있는 것 같았죠. 딸이 '화이트칼라'로 살길 바라셨던 친정 부모님은 H가 오십 대에 접어든 지금까지도 "그런 건 네가 할 일이 아니다"라며 은근히 무시하는 태도를 보인다고 했습니다. 틈만 나면 "너는 그때 선생님이 되었어야 하는데……. 내가 너무 덩치를 크게 낳아놔서 네가 몸 쓰는 일을 하는 것 같아 속상해"라는, 말도 안 되는 레퍼토리를 읊어댔고요. H는 툭하면 남과 비교하고 자신을 깎아내리기만 하는 친정 부모님과 거리를 두며 살고 싶었습니다. 하지만 그동안 이런저런 장사를 해오며 먹고사는 데만 정신이 팔려 있는 사이 세 아이를 거의 도맡아 키워주셨기에 이제 와서 그러기도 어려워 괴로웠습니다.

저는 그날 신호등 앞에 서 있던 H의 어두운 얼굴과 축 처진 어깨가 떠올라 마음이 아팠습니다. "멋진 직업을 갖고 계시네요"라는 저의 말은 그녀에게 조금도 위로가 되지 않는 것 같았지요.

그로부터 얼마 뒤, 화기애애한 분위기에서 레슨을 하던 중이었습니다. 기구 위에 무릎을 꿇고 앉아 양손으로 둥

근 바를 잡고 준비 자세를 취하고 있는데, H가 바를 잡은 자신의 손을 물끄러미 내려다보더니 나직하게 한숨을 내뱉었습니다.

"선생님, 제 손이요……. 진짜 크고 못생겼죠? 정말 우리 엄마 말처럼 손이 이렇게 생긴 탓에 제가 몸 쓰는 직업을 갖게 된 걸까요?"

순간, 그동안 꾹꾹 눌러온 제 머릿속 뚜껑이 열리며 뜨거운 김이 쉬 하고 피어올랐습니다.

"그게 도대체 무슨 말씀이세요? 손이 못생기긴 뭐가 못생겼어요? 제 눈에는 아이 셋을 키우면서도 땀 흘려 일해온 위대한 손인걸요? 그리고 손이 크면 특정 직업을 갖게 된다는, 그런 말도 안 되는 미신을 정말로 믿으시는 건 아니죠? 아니, 말은 똑바로 해야죠. 고깃집 하는 게 뭐가 어때서요? 사람들한테 맛있는 음식 해주고 그 대가로 돈도 잘 벌고 있는데, 도대체 뭐가 부끄러운 건가요? 그렇게 치면 제 일도 몸으로 하는 일인데, 저도 부끄러워해야 하나요? 저도 남들 앞에 서는 서비스직인데, 이걸 굽신거리는 일이라고 생각해야 하나요? 도대체 왜 학교 선생님 같은 직업만 사회에 기여하는 좋은 일이고 장사하는 건 좋은 일이 아니라고 생각하시는 건가요?"

H는 발끈해서 와다다 떠드는 저를 굳은 표정으로 아무 말 없이 한참 동안 바라보고만 있다가 물기 어린 눈으로 힘없이 대답했습니다.

"자랑스러운 일은 아니잖아요. 아무리 생각해도 저는 자랑스러운 딸은 아닌 것 같아요."

쉰두 살, 어느덧 첫째 딸이 대학생이 되었지만 H의 마음속에는 아직도 엄마에게 인정받고 싶은 어린아이가 살고 있는 듯했습니다. 번듯한 대기업에 다니거나 선생님이 되어야 했는데, 모두 실패하고 장사나 하고 있다고 생각하니 항상 패배감과 열등감에 시달렸던 거지요. 직업만큼이나 '여성스러운 몸'에 대해서도 심각하게 왜곡된 신념을 갖고 있던 친정어머니는, 어릴 때부터 끊임없이 "너는 남자처럼 덩치가 커서 어쩌면 좋으냐" "그래가지고 시집은 가겠냐" "대체 누가 널 좋다고 할지 걱정이다" 등등의 폭언을 일삼았고, H는 조금이라도 작아 보이기 위해 늘 어두운 색상의 옷을 입고 등을 잔뜩 구부린 채 다녔지요. 평생 엄마의 그늘 아래서 너무나 괴로웠는데, 어느 순간 자신도 모르게 엄마와 똑같은 생각을 하고 있다면? 자의 반 타의 반 자신의 결점에 끊임없이 초점을 맞추며 살아온 사람이 자신을 사랑하기가 얼마나 어려운 일이겠는지요.

"저도 제 손을 좋아하게 될 수 있을까요?"

혼잣말처럼 묻는 H를 향해, 저는 0.1초의 망설임도 없이 대답했습니다.

"물론이죠!"

일주일에 두 번, 가게 오픈을 하기 전에 짬을 내어 운동하러 오는 H의 레슨 시간은 이후 한동안 '나를 사랑하는 훈련'에 중점을 두어 진행했습니다. 제가 보기에 H의 내면에는 '상처 입은 내면 아이'가 살고 있는 것 같았지요. 상담학 이론 가운데 대상관계 이론이라는 게 있는데, 거기에서는 어린 시절에 제대로 표현되지 못했거나 치유되지 않은 감정이 무의식 속에 내면 아이의 모습으로 남아 있다고 보거든요. 인정과 존중의 결핍으로 인해 상처 입고 주눅 든 H의 내면 아이를 위로하고, 이제라도 한 사람의 인격을 형성하는 데 있어서 물이나 공기만큼이나 중요한 말들을 들려주고 싶었습니다.

저는 H에게 부모로부터 제대로 받지 못했던 '인정의 말'을 레슨 시간 내내 퍼부어주면서 그녀의 내면에 서서히 스며들도록 노력했습니다. "정말 잘하셨어요" "열심히 했으면 그걸로 된 거예요" "최선을 다했다는 것만으로도 충분해요"와 같은 말들을 하고 또 하면서 그녀의 내면에 긍정의 기운이 가득해지길 온 마음으로 바라고 또 바랐습니다. 어느 날엔가는 동작을 지도하다가 멈추고, 여기저기 굳은살이 박이고 제대로 손질되지 않은 발톱을 한 그녀의 발을 어루만지며 이야기해주었습니다.

"보세요. 정말 예쁜 발이죠? 이 발로 어제도 얼마나 수고하면서 많은 일을 하셨겠어요. 그 덕에 어제 하루도 많은 사람들이 든든히 먹고 열심히 공부할 수 있었겠죠? 정말 귀하고 고마운 발이에요. 그렇죠?

제가 유튜브를 보니까 오은영 박사님도 본인을 두고 완전 소처럼 일하는 여자라며 '완소녀'라고 부르고, 배우 김혜수도 자기가 키 크고 힘센 여자라 소도 때려잡을 수 있다면서 '소때녀'라고 하더라고요. 건강하게 태어나서 이렇게 열심히 일할 수 있다는 건 정말이지 큰 축복이 아닐까 싶어요. 우리가 '완소녀' '소때녀'인 걸 자랑스럽게 생각하자고요!"

제 말에 H는 슬며시 미소 짓고는 무언가 골똘히 생각에 잠겼습니다. 아마도 그건 긍정의 신호인 것 같았지요.


1년여의 세월이 흐르며 H의 말투와 표정, 서 있는 자세와 걸음걸이는 점차 바뀌어갔습니다. 검은색 트레이닝복과 시커먼 크록스 신발은 온데간데없이 사라졌죠. 깔끔한 세미캐주얼 복장에 은은한 메이크업, 자신감 있어 보이는 얼굴로 가게를 오픈하러 가는 그녀의 뒷모습을 보고 있자면 가슴이 벅차오를 때가 많았습니다.

그 뒤 어느 날엔가 레슨을 받으러 온 H는 탈의실로 들어가려다 말고 저에게 다가오더니 손에 꼭 쥐고 있던 종이 한 장을 건네주었습니다.

"이게 뭔가요?"

종이에 적힌 글자를 읽으려는데 그녀가 갑자기 90도로 허리를 숙이며 인사했습니다.

"선생님, 저희 2호점 명함이에요. 그동안 남편이 계속 제안했는데 제가 거절하고 있었거든요. 그런데 선생님 덕분에 제가 일에서 보람을 느끼다 보니 한번 도전해보고 싶어졌어요. 선생님이 아니었으면 이런 용기를 내지 못했을 거예요. 선생님은 저의 두 번째 엄마나 다름없으세요. 정말 깊이 감사드립니다."

눈물을 글썽이며 제 손을 잡아주는 H의 두 손은 유난히 크고 따뜻했습니다. 사포처럼 거칠고, 크고 작은 상처가 난 투박한 손이었지만, 제게는 언제나 그랬듯 한없이 자랑스럽고 위대해 보였답니다.

## 당장 비교를 멈추시오

"여기 위에 올라가면…… 몸무게도 나오죠?"

체성분 분석기 앞에서 M의 발걸음이 멈췄습니다.

"맞아. 체중도 나오지."

이 어여쁜 열여덟 살 소녀는 속으로 무슨 생각을 하고 있는 걸까 궁금해하며 제가 대답했습니다.

"그럼……, 안 재면 안 되나요?"

사슴 같은 눈망울을 한 M은 왠지 모를 애처로운 눈빛으로 저를 바라보았습니다. 저의 바로 뒤에는 그녀의 엄마가 서 있었고, 커다란 마스크에 가려 잘 보이지는 않았지만, M은 분명히 제가 무조건 재야 한다고 하면 당장이라도 울 것만 같은 얼굴이었죠.

"물론 네가 내키지 않으면 안 재도 괜찮아. 이건 참고용 자료로만 쓰는 거니까."

제가 흔쾌히 말하며 레슨실 쪽으로 몸을 돌리자, M은 가슴을 쓸어내리며 따라나섰습니다. 한창 외모에 민감할 시기이니, 낯선 사람 앞에서 체중을 드러내기 싫었나 보다, 그때까지만 해도 저는 그렇게 생각했지요.

"저희 애가 승무원이 꿈인데, 선생님 프로필을 보고 전 직 승무원이셨던 분께 레슨을 받아보고 싶다고 하더라고 요. 아이 자세가 무척 좋지 않고 평소에 밥을 너무 안 먹어 서 걱정인데, 좋은 영향을 주셨으면 합니다."

상담용 테이블에 앉은 엄마가 걱정스러운 얼굴로 마치 간청하듯 이야기하는데, 막상 당사자인 M은 눈을 아래로 내리깔고는 남의 일인 양 표정 변화 하나 없이 가만히 듣 고만 있었습니다.

"그랬군요. M아, 승무원이 되려면 자세와 체력이 정말 중요해. 선생님이랑 함께 열심히 운동해보자, 알겠지?"

일부러 톤을 높여 활기차게 말해보아도, 새하얀 마스크 위로 동그랗게 반짝이는 예쁜 눈만 몇 번 깜빡일 뿐 M에 게선 별다른 반응이 없었지요.

'이렇게 내향적이어서는 승무원 일이 힘들 텐데······.'

안타까운 마음이 들었지만, 일단은 좀 더 지켜봐야겠다는 생각을 하며 첫 레슨 날짜를 잡았습니다.

고등학생인 M은 늘 벙벙한 운동복 차림이었습니다. 교복이나 학교 체육복이 아닌, 무채색 운동복을 위아래 세트로 맞춰 입고 레슨을 받으러 온 거였죠. 멀리서 보아도 무척 마른 몸인 게 분명했지만, 옷이 워낙 크고 원단도 두꺼워서 실제로 얼마만큼 마른 것인지는 파악이 되지 않았습니다. 운동을 시켜도 땀 한 방울 나지 않는 그녀에게 일부러 소매를 더 걷어 올려보라고 할 수도 없는 노릇이었고요. 너무 큰 옷은 몸의 정렬을 보기 어려우니 약간 몸에 붙는 운동복을 입어달라고 부탁해도, 생각해보겠다며 희미하게 웃기만 하기에, 무언가 이유가 있을 거라는 생각이 들어 더 이상 강요하지는 않았습니다.

운동복보다 훨씬 더 심각한 건, 바로 그녀의 몸 상태였습니다. 열여덟 살인 M은 초등학교 고학년 아이들이 능숙하게 해내는 동작도 어려워했죠. 의자처럼 생긴 기구 위에 허리를 펴고 바르게 앉아 왼쪽 다리를 앞으로 곧게 뻗고, 오른쪽 다리로 페달을 연속해서 누르는 동작을 하려는데, 들어 올린 채 잠시 버텨줘야 하는 왼쪽 다리가 자꾸만 바닥으로 힘없이 떨어졌습니다.

"자, 다시 해보자. 허리를 최대한 펴고, 왼쪽 다리 올려
봐. 그래, 잘했어. 이제 오른발 발가락 부분으로 페달을 한
번……"

저의 큐잉이 채 끝나기도 전에 M의 왼쪽 다리는 또다
시 바닥으로 툭 떨어져버렸고, 저는 할 말을 잃은 채 잠시
침묵했습니다.

"다른 사람들은 이게 되나요? 페달 몇 번이나 눌러야
해요?"

"열 번."

"거짓말하지 마세요, 선생님. 열 번이나요?!"

비슷한 상황마다 우리 둘은 각기 다른 이유로 경악을
금치 못했고, 그러다가 동시에 웃음이 터지기도 했습니
다. 매번 동작을 할 때마다 '할 수 있다'고 말하는 저와 '못
하겠다'고 저항하는 M의 신경전이 이어졌지요. 어처구니
가 없는 상황은 그뿐만이 아니었습니다. 침대처럼 생긴
기구 위에 누워서 '앞으로 나란히' 하듯 양팔을 위로 들어
올린 다음, 양손에 스트랩을 하나씩 잡고 엉덩이 옆까지
당기는 동작을 하려는데, 이번에는 스트랩이 아예 미동조
차 하지 않았습니다. 선택할 수 있는 무게 중에서 가장 약

한 것을 걸었고, M은 분명 젖 먹던 힘까지 짜내 온몸을 부들거리며 스트랩을 당기고 있는데 말이에요. 이미 성인 여성이나 다름없는 여고생이 어린이들도 쉽게 하는 동작조차 수행하지 못하다니요.

"잠깐만, M아, 여기 일어나 앉아봐."

참다못한 저는 그녀를 추궁했습니다.

"선생님한테 오늘 하루 네가 먹은 것들 다 애기해볼래?"

"음……, 아침은 안 먹었고요. 급식도 맛이 없어서 거의 안 먹었고, 저녁에는…… 요거트 한 개?"

마스크 속으로 가쁜 숨을 몰아쉬며 M이 말해주는 것들은 믿기 어려운 내용뿐이었습니다. 오늘뿐만 아니라 평소에도 늘 그렇게 '절식'을 하고 있으며, 살찌는 게 너무 싫어서 이렇게 지낸 지 1년 정도 되었다고 했습니다. 하루에 빵 한 개나 그릭 요거트 한 개를 여러 번에 걸쳐 나눠 먹으며 버틸 때도 많고, 되도록 하루에 500칼로리 이내로 먹으려고 한다는 거였죠. 이렇게 했더니 1년 만에 체중이 5킬로그램 정도 빠졌고, 앞으로 3킬로그램만 더 빼면 자신이 목표로 삼은 체중이었죠.

"그래서 네 목표가 뭔데?"

"몸무게 38킬로그램이요."

"왜 38킬로그램이 목표인데?"

"키빼몸 120이 목표인데, 제가 158센티미터거든요."

M의 무덤덤한 답변에 가슴이 쿵하고 바닥까지 떨어지는 것 같았습니다.

알고 보니 '키빼몸'은 키(센티미터)에서 몸무게(킬로그램)를 뺀 수치를 뜻하는 것으로, 마른 몸을 추구하는 사람들 사이에서는 이 수치가 마치 공식적인 지표처럼 통용되고 있었습니다. 키빼몸이 120이면 '개말라', 125면 '뼈말라'라고 불렀고, 이 수치를 통해 서로를 평가하고 독려하거나 스스로를 질책하는 듯했습니다.

상황의 심각성을 느낀 저는 레슨이 끝난 이후 관련된 내용을 검색했습니다. 단순히 혼자서 정보를 찾아 극단적인 다이어트를 시도하던 저의 청소년기와 달리, 지금의 십 대는 SNS를 통해 지식과 경험을 함께 나누며 살을 빼고 있었습니다. 키빼몸 같은 수치와 먹은 음식의 양 등을 구체적으로 언급함으로써 끊임없이 서로 비교하고 스스로를 감시하고 있었고요. 식욕을 통제하기 어려울 때면 '먹토(먹고 토하기)'를 하거나 '씹뱉(씹고 뱉기)'을 함으로써 체중이 늘어나는 걸 방지할 수 있다는 '고급 정보'를 읽는 순간에는, 갑자기 뒷덜미가 뻣뻣해지는 느낌이 들었죠. 너무나 앙상해서 처량해 보이기까지 하던 M의 손목과 발목이 떠올랐거든요.

다음 레슨 시간에 만난 M은 언제나처럼 해사한 얼굴이었지만, 저는 이제 그녀의 모든 것이 다르게 보이기 시작했습니다. 오늘도 여느 때처럼 연한 회색 운동복을 위아래로 맞춰 입고 온 모습을 보니, 그동안 아무리 바빠도 무조건 집에 가서 옷을 갈아입고 왔다던 말이 떠올랐습니다. 몸의 라인이 드러나는 교복이나 체육복 입은 모습을 저에게 단 한 번도 보이지 않으려 애썼던 것도, 첫 만남 때 체중을 재지 않으려고 했던 것도, 운동복 속에 검은색 내의를 꼭 챙겨 입고는 운동하는 내내 등이나 배가 보일까봐 손으로 자꾸만 옷을 끌어 내리던 것도요. 그게 모두 '내 몸은 (아직도) 너무 뚱뚱해'라고 생각해서였겠구나 싶어 마음이 아파왔습니다.

"오늘은 레슨 시간으로 치지 않을게. 선생님이랑 얘기 좀 하자."

진지한 얼굴로 옆에 앉는 저를 보며 M의 얼굴이 굳어졌습니다. 함께 앉은 M에게 검색을 통해 알게 된 용어들을 언급하자, 그녀는 손사래를 치면서 "쌤, 저는 프로아나

(마른 몸을 추구하여 거식증 치료를 거부하는 사람들) 아니에요!"라며 정색했습니다. 자기는 먹토도 씹뱉도 하지 않고 오로지 음식 제한으로만 살을 빼는 '건강한 방식'으로 다이어트를 하는 거니까 아무 걱정도 하지 말라면서요. 갑자기 평소보다 과장된 몸짓으로 열심히 자기변호를 하는 모습을 바라보고 있자니 엄마에게도 이렇게 설득하고 있겠구나 싶었습니다. "거울 속 제 자신이 혐오스러워서 시작했는데, 이제 음식을 봐도 먹고 싶다는 생각이 안 들어요"라는 말을 들을 때는 이미 섭식장애가 상당한 수준으로 진행되었을 수도 있겠다는 불길한 걱정이 스멀스멀 피어올랐습니다.

M에게 가장 강력한 동기는 '인스타그램 속 항공과 사람들'이었습니다. 아직 열여덟인 그녀에게는 이미 승무원이 된 (열 살쯤 많은) 사람들보다는, 나이도 비슷하고 꾸미는 방식도 친근한 대학생 언니들이 훨씬 더 닮고 싶은 대상이었지요. 앞으로 항공운항과에 지원해서 합격하려면 그녀들처럼 하얗고 마르고 또렷한 이목구비를 갖춰야만 하니 햇빛을 보지 않으려고 최대한 애쓰고, 키빼몸 120을 맞추고, 올해 연말쯤에는 부모님을 졸라서 쌍꺼풀 수술도 할 예정이라고 했습니다. 지금 있는 쌍꺼풀이 너무 연해

서 마음에 들지 않는다면서요. 그 어느 때보다도 확신에 찬 M의 말투에, 도무지 어디서부터 어떻게 설득해야 좋을지 감을 잡을 수 없었습니다. "아직은 키가 더 클 수 있으니 잘 먹어보는 게 좋지 않겠니"라는 말에는 "키 안 보는 외국 항공사 가면 돼요"라며 단호하게 선을 긋고, "체력 테스트 때 어쩌려고 그러니"라는 말에는 "그래서 지금 필라테스하는 거잖아요"라고 맞섰죠. M에게는 확고한 기준이 서 있는 듯 보였습니다. "이미 지금도 충분히 예뻐. 충분히 마른 몸이야"라고 할 때는 아무 영혼 없는 표정으로 "쌤은 이미 다 해본 거니까 편하게 말할 수 있는 거잖아요"라고 쏘아붙였습니다.

그날 이후로도 M은 극단적인 식이 제한을 멈추지 않았습니다. 어쩔 수 없이 레슨 시간은 칠팔십 대 회원들이 주로 하는 동작으로 채워졌고, 그마저도 힘이 들어서, 귀에서 소리가 나서, 어지러워서, 토할 것 같아서 잠시 멈춰야 하는 순간이 많았습니다. 말도 안 되는 상황에 울화통이 터질 것 같았지만, '인정해주는 것이 곧 존중이다'라는 말을 되뇌며 매번 참고 또 참았습니다.

그러던 어느 날, M이 처음으로 운동복 속에 늘 챙겨 입던 검은색 내의를 깜빡 잊고 레슨에 들어왔습니다. 헐렁

한 상의는 동작을 할 때마다 위로 훌쩍 올라가버렸고, 그럴 때마다 그녀는 필사적으로 옷을 끌어 내리느라 분주했죠. 자리에서 일어선 상태에서 상체를 90도 가까이 숙여 손으로 기구를 잡는 동작을 하려는데, 처음으로 M의 뽀얀 등허리가 드러났습니다. 그리고 바로 거기에 시커멓게 변색된 척추뼈 자리가 몇 개나 있는 것을 보자 제 마음은 와락 무너져 내리고 말았습니다(체지방이 너무 적으면 뼈와 살이 닿는 부분에 외부 마찰로 인해 착색이 생깁니다). 온종일 딱딱한 학교 의자에 앉아 있는 동안 마찰로 인해 생긴 자국이었죠.

'도대체 누가 널 이렇게 만든 거니…….'

가슴이 먹먹하고, 눈물이 날 것만 같았습니다. 한동안 "잘 먹어야 한다"라고 말하면 말할수록 M과의 거리가 점점 더 멀어지는 느낌이 들었습니다. 되도록이면 회원을 놓치고 싶지 않았기에 어느 순간부터는 마치 '아무 일도 없는 듯' 굴었던 것도 사실이었습니다. 그런데 고작 열여덟 살밖에 안 된 소녀의 시커먼 뼈마디를 보고 나자 가슴 한구석이 서늘해지면서 제가 해야 할 일이 명확해지는 느낌이 들었습니다.

그날 이후 저는 더욱 적극적으로 M에게 왜 영양을 충

분히 섭취해야 하는지, 승무원이 되면 얼마나 강한 체력이 필요한지 자주 언급하며 굳어버린 생각을 바꾸기 위해 노력했습니다. 그녀가 듣기 싫어하든 그렇지 않든, 그런 건 하나도 중요하지 않았습니다. 이건 더 이상 비즈니스가 아니라 윤리 문제라는 판단이 섰기 때문이죠.

얼마 지나지 않아 재등록을 해야 할 시점이 되어 M의 엄마로부터 전화 한 통을 받았습니다. 그동안 너무 감사했다며, 아이가 더 이상 운동하는 걸 원치 않는다는 내용이었습니다. 그러곤 마치 이런 결말을 처음부터 예상했다는 듯 오히려 절 위로했습니다.

"이렇게 10회 동안 지도해주신 것도 대단하다고 생각합니다. 저희 아이 상태는 저도 잘 알고 있어요."

M 본인은 절대로 아니라고 하지만, 최근 속이 안 좋다는 말을 자주 해 병원에 방문했고, 급성 식도염을 진단받은 것으로 보아 먹토를 하는 게 아닌지 의심하고 있다는 말도 덧붙이면서요.

"선생님……, 지금보다 더 심해지면 정신과에도 데리고 가봐야겠죠?"

떨리는 그녀의 목소리에서 부모만이 공감할 수 있는

깊은 아픔이 고스란히 전해지는 것 같았습니다.

이후로 M의 소식은 한 번도 듣지 못했습니다. 제게 카톡이나 인스타그램 아이디도 알려주지 않았고, 오직 핸드폰 메시지만 사용했기에 근황도 전혀 알 수 없었죠. 아마도 M은 한 번도 제게 곁을 내어준 적이 없었던 것 같아요. 본인을 이해해줄 만한 사람이 아니라고 믿었을까요?

그러나 제가 아직도 그녀의 소식을 궁금해하고 진심으로 응원하고 있다는 사실을 알게 된다면 아마도 조금은 놀랄 테죠. 많은 것을 바라지 않습니다. 다만 지금쯤 M이 그토록 원하던 항공사의 승무원이 되어 있기를, 이제는 앉아서 다리도 번쩍 들어 올리고 스트랩을 잡은 팔도 힘차게 당길 수 있는 건강한 여성이 되어 있기를, 더 이상 남과 나를 비교하며 끊임없이 스스로를 괴롭히지 않고 있기를 온 마음을 다해 바라고 또 바랄 뿐입니다.

## 그 상처를 허하지 말라

Y는 그동안 만나본 회원들 중에서도 손에 꼽힐 정도로 내성적인 성격이었습니다. 센터에 들어오면 언제나 털을 바짝 세운 고양이처럼 몸을 움츠리고 있었고, 발소리도 내지 않으려는 듯 살금살금 걸었습니다. 눈은 늘 아래로 내리깔았고, 목소리는 마치 가을바람에 흩날리는 갈대 소리 같아서 귀를 쫑긋 기울여야 겨우 알아들을 수 있을 정도였습니다. 레슨 시간에는 다른 회원들처럼 '아파요' '힘들어요' '시원해요' 같은 감정 표현을 거의 하지 않았고, 마치 묵언 수행을 하는 승려처럼 고요히 몸만 움직이다가 돌아가는 식이었죠.

물론 그간 내성적인 회원도 많이 만나보았기에 이런 Y가 낯설게 느껴지지만은 않았습니다. 하지만 강사와 함께 거울을 바라보면서 동작을 하다가 종종 혼자만 다른 세상에 있는 것처럼 얼빠진 얼굴이 되어버리곤 하는 데는 계속 마음이 쓰였습니다.

"집중해주세요, Y 님. 여기 보고 계신 거죠?"

거듭되는 제 말에 Y가 혼자 숲속을 거닐다 인기척을 듣고 깜짝 놀란 아기사슴처럼 몸을 움찔했습니다.

"죄송해요. 제대로 할게요."

그녀는 생각을 떨쳐내려는 듯 고개를 좌우로 흔들더니 다시 동작에 집중했습니다. Y는 평소에도 거울을 보며 필라테스 동작을 하다가 갑자기 멍해지거나 깊은 상념에 잠기는 모습을 자주 보였지요. 그런데 최근 들어 그러는 빈도가 점점 더 잦아져서 걱정이 되던 참이었습니다.

"요즘 회사 일이 바쁘신가 봐요?"

Y는 대답 대신 희미하게 웃었지만, 눈가가 좀 촉촉한 것 같기도 하고, 입가가 떨리는 것 같기도 했습니다. 왠지 울음이 묻어 있는 듯한 미소에 자꾸만 더욱 신경이 쓰였습니다. 이 파릇파릇한 청춘에게 대체 무슨 근심이 있을까 싶었죠. 이제 겨우 이십 대 중반, 사회 초년생인 그녀가

회사 생활은 즐겁게 하고 있는지, 식사는 잘 챙겨 먹는지, 잠은 잘 자는지, 주말에 야외 활동은 자주 하는지……. 궁금한 것이 많았지만 Y는 언제나 레슨이 끝나면 마치 뭔가에 쫓기는 사람처럼 서둘러 옷을 갈아입고는 도망치듯 센터를 빠져나가기 바빴습니다.

그날도 여느 때처럼 Y와 저는 함께 거울을 바라보고 있었습니다. 저는 그녀의 팔이 있어야 할 자리를 짚어주며 열심히 큐잉을 했죠.

"자, 이쪽으로 오른팔을 뻗으세요. 이제 오른쪽 옆구리부터 어깨, 팔꿈치, 손끝까지를 마음속으로 연결하세요. 그러고 나서 쭉 뻗어볼게요. 1센티미터만 더 늘려볼게요. 아주 좋아요. 잘하셨어요. 정말 멋지죠? 몸이 만들어내는 선이 굉장히 아름답죠?"

제 말을 듣던 Y가 갑자기 피식, 하고 웃었습니다. 이윽고 무언가 할 말이 있는 사람처럼 잠시 입술을 달싹이더니 거짓말처럼 다시 위아래 입술을 앙다물고 근엄한 표정으로 돌아갔습니다. 평소에도 몸에 대한 칭찬 섞인 말을 하면 비슷한 반응을 보였기에 저는 문득 궁금해졌습니다.

"Y 님, 제가 이런 이야기 하면 쑥스러우세요? 아니면 혹시 동의하기 어려우신가요?"

"동의하기가 어려운 것 같아요."

설마 하는 마음으로 툭 던져본 농담에 Y는 조금의 고민도 없이 답했습니다.

"살면서 이런 말은 들어본 적이 한 번도 없는 것 같아요. 저는 이제껏 몸에 대해서는 줄곧 안 좋은 이야기만 들었거든요."

"어떤…… 안 좋은 이야기요?"

"오늘 아침에도 엄마한테 '너는 어릴 땐 날씬하더니 어쩌다가 이 지경이 되었냐'라는 소리를 들은걸요?"

"어머나……."

"솔직히 이렇게 거울을 보고 있으면, 그냥 돼지 한 마리가 용쓰고 있는 것처럼 보여요. 어떨 땐 거울을 아예 안 쳐다보고 싶기도 하고요."

"아……."

갑작스러운 Y의 폭탄 선언(?)에 저는 잠시 할 말을 잃었습니다. 평소에는 늘 말이 없던 그녀가, 왜 갑자기 작심한 듯 자기 이야기를 쏟아내는 걸까, 의아한 생각도 들었죠. 혼란스러운 마음을 가다듬고 남몰래 심호흡도 한 번 하고는 질문을 이어갔습니다.

"평소에도 어머니가 그런 말씀을 자주 하세요?"

"그럼요. 거의 매일 듣죠. 내가 너만 할 때는 너처럼 아줌마 같은 몸은 아니었다, 그렇게 덩치가 커서 누가 너 좋다고 하겠냐, 이런 말을 제일 자주 듣는 것 같아요."

"음……, 그런 말을 듣고도 가만히 있으세요?"

"엄마가 성격이 워낙 센 편이라, 무서워서 그런지 화를 내본 적이 없는 것 같아요. 그리고 초등학교 때부터 계속해서 듣다 보니 언제부턴가는 진짜 그런가 싶기도 하고요. 이제는, 그래, 맞아, 나는 돼지지, 하고 수긍하게 되는 것 같아요. 그래서 선생님이 좋은 말을 해주시면 되게 어색하고 이상해요."

경악을 금치 못하는 저의 반응이 재미있었는지, Y는 평소에 어머니가 즐겨 한다는(?) 폭언 몇 가지를 더 들려주었습니다. 가슴을 후벼 파는 것 같은 모진 말들의 향연. 듣고 있는 것만으로도 고통스러웠지요.

"어머니 말씀이 너무 심하네요. 미美에 대한 본인의 기준이 뭔진 모르겠지만, 자식이라고 해도 그런 말을 함부로 하시면 안 되는 거죠. 어머니가 잘못하셨네요."

그런데 가혹한 말을 농담처럼 전할 때는 오히려 덤덤해 보이던 Y의 안색이 급격히 어두워졌습니다. 잠시 아무 말 없이 생각에 잠겨 있던 그녀가 어렵사리 입을 열었습니다.

"선생님은…… 제 편이시네요."

그 말을 듣는 순간, 왜 그리 안쓰러운 마음이 들던지요. 저는 온 힘을 내어 그녀를 응원해주고 싶었습니다.

"당연하죠! 저는 Y 님 편이죠. 앞으로는 Y 님도 무조건 본인 편이 되어주셔야 해요. 아셨죠? Y 님에게 심한 말을 할 자격이 있는 사람은 이 세상에 아무도 없어요. 절대로 어머님 말씀에 동의하면 안 됩니다. 아시겠죠?"

Y는 미소를 지으며 고개를 끄덕였지만, 거기에는 확신이 느껴지지 않았습니다. 어렸을 때부터 성인이 될 때까지 오랜 시간에 걸쳐 마치 가스라이팅처럼 이루어진 보디 셰이밍이라서 벗어나기 쉽지 않겠다는 생각에 속으로 한숨을 삼켰지요.

그렇게 신신당부를 한 뒤 몇 달이 흘렀습니다. Y는 여전히 거울을 똑바로 쳐다보기 어려워했고, 종종걸음으로 걸었으며, 종종 묵언 수행자처럼 굴었습니다. 적어도 겉으로 보기엔 그날의 대화 이후 아무것도 달라진 게 없는 것 같았지요. 오늘도 꽃다운 그녀가 거울 속 자신을 바라보면서 '돼지 한 마리'를 떠올리고 있을 걸 생각하면 속이 상하고 가슴이 답답해 울화통이 터질 것 같았지만, 괜히

요청하지도 않은 도움을 줄 수도 없는 노릇이었죠.

그러던 어느 날, 평소처럼 Y와 함께 몸의 정렬을 확인하며 큐잉을 하고 있을 때였습니다.

"이제 오른쪽 골반에서부터 무릎 중앙, 발목 중앙, 두 번째 발가락까지를 마음속으로 연결하세요. 발끝을 뾰족하게 해서 쭉 뻗어볼게요. 와우, 잘하셨어요. 다리가 엄청 길어졌죠? 키가 2미터는 되어 보여요! 너무 멋져요!"

그러자 Y가 씨익 하고 미소를 짓는가 싶더니, 갑자기 움직이고 있던 다리를 바닥에 가만히 내려놓았습니다.

"선생님, 저 고민 상담 한 번만 해주실 수 있나요?"

Y는 회사에서 겪은 일이라며 말문을 열었습니다. 그동안 사무직에 종사하는 회사원이라고만 알고 있었기에, 과연 그녀의 입에서 어떤 말이 나올지 잔뜩 궁금해졌습니다. 내용인즉슨, 신입 사원일 때부터 자신을 살뜰히 챙겨준 A라는 여자 부장님이 있는데, 최근 들어 그런 A가 자기 외모에 대해 너무 심하게 지적해서 마음고생을 하고 있다는 거였죠.

"정말 고마우신 분이었는데, 이쯤 되니까 이제 '괴롭힘' 수준이 아닌가 싶어서요."

Y의 목소리는 평소보다도 더 작았고, 어느 틈엔가 미세

하게 떨리고 있었습니다.

"얼마 전에는 바지를 입으면 'Y 씨는 치마가 더 잘 어울리는 것 같아. 키에 비해 허리가 길고 다리가 짧은 편이라서 그런가 봐'라고 한 적이 있었어요. 지난주에는 날이 더워 반소매 옷을 입고 갔는데 'Y 씨 반팔 입었네? 근데 Y 씨는 다른 데보다 팔뚝이 좀 있는 편이다, 그치?'라고 하더라고요. 기분이 너무 나쁜데⋯⋯, 받아치지 못하겠는 거예요. 순간적으로 몸이 얼어붙는 것 같고, 아무튼 아무 대꾸도 못 하겠어요. 너무 바보 같아요, 이런 저 자신이요⋯⋯. 부장님이 모든 부하 직원에게 외모 지적을 하는 건 아니에요. 유난히 저한테만 심해서 다른 선배들이 '네가 어리고 예뻐서 부러운가 보다'라면서 저더러 참으라고⋯⋯."

그러면서 Y는 제 눈을 똑바로 바라보며 작지만 분명한 목소리로 이렇게 말했죠.

"항상 그랬거든요. 제가 늘 엄마한테 지적을 받는다고 해도, 부장님한테 수시로 외모 품평을 당한다고 해도, 사람들은 늘 '네가 이해해'라고 했거든요. 심지어 '네가 살을 좀 빼면 그만하시겠지'라고 하거나, '솔직히 그 말은 좀 맞는 것 같다'라며 웃기도 했어요. 그런데 저번에 선생님이 그랬잖아요. 엄마가 잘못했다고요⋯⋯. 처음이었어요, 저한테 그렇게 이야기해준 사람은. 그래서 부장님 이야기를 선생님한테 한번 해보고 싶어졌어요."

저에게 마음속 고민을 털어놓은 날, Y는 새로 산 목걸이를 하고 출근했다고 했습니다. A가 그걸 보고 그냥 넘어갈 리 없었지요.

"Y 씨, 목걸이 하고 왔네? 내가 어디서 봤는데, 목이 두꺼운 사람들은 목걸이보다는 귀걸이를 해서 시선을 위로 분산시키는 게 낫대."

옆에서 그 말을 들은 직원들은 어색하게 웃으며 Y에게 안쓰러운 눈길을 보냈습니다. 강압적이고 예민한 보스의 심기를 건드리지 않기 위해, 여느 때처럼 아무도 그녀를 변호하려 들지 않았고요. 그녀 역시 평소처럼 아무런 대꾸도 하지 못한 채 난감한 표정을 짓고 있었는데, 갑자기 어디에서 시작되었는지 모를 분노가 차올랐다고 했습니다. 그녀는 더 이상은 못 참겠다고, 당장이라도 회사를 그만두고 싶다고 제게 고백했습니다.

"사표를 써야겠다고 결심하자마자 딱 들었던 생각은 이거였어요. '내가 맨날 아무 말도 못 하고 엄마를 피해버리는 것처럼 부장님도 피하려고 하는구나.' 그런데 지금까지 다른 사람들 앞에서 당한 게 억울해서라도, 뭐라고 한

마디는 해주고 싶은 거예요. 그만둘 때 그만두더라도 일
단 부장님한테 '이건 당신이 잘못한 거다'라고 알려주고
싶은데, 혹시 좋은 방법이 있을까요?"

처음 보는 Y의 초롱초롱한 눈망울에 저는 그간의 걱정
이 조금은 누그러졌습니다.

"그럼요. 언제나 방법은 있지요."

저는 Y에게 '나 메시지I-message' 대화법을 알려주었습니
다. 상담학에서 '나 메시지'는 자신의 생각과 감정을 주체
적으로 표현하되, 상대방을 비난하거나 평가하지 않기 때
문에 갈등 상황에서도 상대가 방어적인 태도를 덜 취하도
록 하는 의사소통 방식이거든요. 위계질서가 명확한, 회
사라는 공간에서라면 더욱 '나 메시지'로 말하는 게 필요
하겠다는 생각이 들었습니다.

"일단 그동안 A가 했던 비하의 말 몇 가지를 기억하는
그대로 알려주시고, 그때마다 Y 님 심정이 어땠는지 솔직
하게 밝히세요. 그런 다음에 마무리로 '앞으로 그런 말씀
은 하지 말아주세요. 저에게 큰 상처가 됩니다'라고 간결
하게 끝내시면 됩니다. 어때요, 하실 수 있겠어요?"

저의 이야기를 듣는 동안 Y는 거의 공포에 질린 듯한
표정이 되었습니다. '도대체 나보고 그걸 어떻게 하라는

거야!'라고 말하는 듯했지요.

"만약에 그렇게 했는데 부장님이 화를 내거나 더욱 심하게 괴롭히면요?"

"물론 그럴 수도 있겠죠. 그건 그 사람의 선택이니까요. 하지만 중요한 건, Y 님이 처음으로 '나를 지키는 말하기'를 했다는 사실이에요. 그건 그 자체만으로도 의미 있고 대단한 일이죠. 그리고 만약 괴롭힘이 심해진다면, 그땐 거기에 맞추어 대응하면 되지 않을까요?"

당연하게도 Y는 다음 주에도, 또 그다음 주에도 A에게 면담 신청을 하지 못했습니다. 살면서 한 번도 '나를 지키는 말'을 해본 적 없는 사람이 처음으로 용기를 낸다는 것은 얼마나 어려운 일인지요! 누구보다도 그 사실을 잘 알고 있었기에, 저는 마치 우리 사이에 아무 일도 없었다는 듯 그녀에게 아무것도 묻지 않았습니다. 그저 그녀의 내면에 용기라는 씨앗이 작게나마 뿌리를 내리고, 아주 조금씩이라도 성장해가고 있기를 간절히 바라는 마음뿐이었지요.


그렇게 한 달쯤 시간이 흐른 어느 날, 다음 레슨을 준비하기 위해 기구를 세팅하고 있는데 Y가 쭈뼛거리며 레슨

실로 들어왔습니다.

"선생님, 저 오늘 좀 빨리 왔어요. 말씀드릴 게 있어서요. 지난번에 조언해주신 것 있잖아요……"

그녀는 며칠 사이 벌어진 놀라운 사건에 대해 이야기해주었습니다. 도저히 A에게 면담 신청을 할 용기가 나지 않아 혼자 마음속으로 시뮬레이션만 수백 수천 번을 하고 있었는데 A가 또다시 '굵은 허벅지'를 가지고 시비를 걸어오더래요. 마침 사무실에 다른 직원이 없는 상황이었고, Y는 본인도 모르게 "부장님, 그렇게 말씀하시는 거…… 저한테는…… 상처가 돼요"라고 작지만 단호하게 이야기했습니다. 본인이 말해놓고도 무척 놀랐고, 단 몇 초 정도의 짧은 시간이었지만 A가 어떻게 반응할지 두려워 온몸이 얼어붙는 것 같았지요. 그런데 A는 몹시 당황한 얼굴로 잠시 Y를 바라보더니 "그, 그랬구나. 미안"이라고 둘러대며 황급히 그 자리를 떠났습니다.

"정말 신기하게도, 아무 일도 안 일어나더라고요."

Y는 지금도 믿기지가 않는다는 듯 고개를 절레절레 흔들었습니다. A는 부하 직원이 자기 권위에 도전했다며 화를 내지도 않았고, 보복을 하기는커녕 그날 이후로 Y를 좀더 존중하고 조심히 대하는 느낌이었대요.

"더 놀라운 건요. 제가 그러고 나서 처음으로 엄마를 들이받았다는 거예요."

A와의 '한 판'을 치르고 난 뒤, Y는 그날 아침에도 "그렇게 살이 뒤룩뒤룩 쪄가지고 시집은 가겠냐"라며 등 뒤에서 저주를 퍼붓던 엄마를 떠올렸습니다. 그리고 마침내 다짐했습니다. 엄마를 사랑하지만 나를 이렇게 대하는 엄마를 더 이상 참지 않겠다고요.

"그날 이후로 거의 매일 싸우고 있어요. 완전 전쟁이에요"라고 말하는 Y는 말과 달리 어쩐지 홀가분해 보이는 얼굴이었습니다.

"만약 해결이 안 되면, 회사 근처로 자취방 얻어 나가려고요. 계속 당하고만 있을 순 없죠. 선생님, 엄마와의 관계에 대해서도 조언해주실 거죠?"

초탈한 표정으로 싱긋 웃는 그녀에게서는 더 이상 마냥 여린 소녀 같은 느낌을 찾아볼 수 없었습니다.

"물론이죠. 언제나 방법은 있으니까요. 자, 이제 우리 거울 쪽을 바라보고 기구 위에 바르게 앉아볼까요? 어깨를 쭉 펴고, 양손으로 핸들을 잡고……"

순간 저도 모르게 잠깐 큐잉을 멈추고 말았습니다. 거울에 비친 자기 어깨를 또렷이 응시하고 있는 Y의 형형한 눈빛을 마주하게 되었거든요. 늘 거울 속 자신을 똑바로 바라보지 못하던 예전의 그녀는 온데간데없었죠. 무엇이든 용기를 내어 도전한다면 그 결과가 어떠하든 이전과는 무언가 분명히 달라진다는 사실을 확인하는 것만 같았습니다. 변화라는 물결이 아주 작은 한 방울의 용기에서 시작된다는 것을요.

# 나의 삶,
# 나의 몸

처음 보았을 때 D는 마치 '회색 인간' 같았습니다. 머리 끝부터 발끝까지 무채색 옷을 두르고, 로션조차 바르지 않은 것 같은 민낯에, 이제 막 잠자리에서 나온 사람처럼 정돈되지 않은 머리를 하고, 언제나 표정이 없는 얼굴이었죠. 아무리 밝게 인사를 건네도, 레슨 중에 농담을 던져도, 힘든 동작을 시켜도, D의 얼굴 근육은 마치 마비되어 있는 것처럼 조금도 움직일 생각을 하지 않았습니다. 처음에는 뭔가 마음에 들지 않는 건가 싶었지만, 우연히 바깥에서 마주친 그녀가 레슨할 때와 똑같은 표정을 하고 있는 것을 보고는 혹시 지금 어딘가 아픈 것일 수도 있겠다고 짐작만 할 따름이었습니다.

"이게 근육이 늘어난 거라는 말씀이시죠?"

어느 날 레슨실에서 레깅스 위로 봉긋 올라온 아랫배 위에 손을 얹은 채 D가 물었습니다.

"정확히는 '건'이 늘어난 거라고 해야겠죠. 임신 출산을 한 번이라도 경험한 여성이라면 누구나 복근에 있는 건, 즉 텐던(tendon) 부분이 늘어나서 돌이킬 수 없어요. 아무리 살을 빼도 한 끼만 배불리 먹으면 다시 배가 불룩하게 튀어나오는 이유죠."

"돌이킬 수 없다면, 건은 근육과 성질이 다른가 보죠?"

"네. 건은 근육의 일부이긴 하지만 성질이 달라요. 근육의 붉은 부분과 달리 건은 하얗게 보이는데, 이건 혈액을 품고 있는 양의 차이 때문에 그렇고요. 혈액을 많이 공급받는다는 말은 곧……"

D는 마치 강의를 듣는 대학생처럼 진중한 태도로 저의 이야기에 귀를 기울였습니다. 평소에도 가끔 레슨이 끝난 뒤 저에게 다가와 동작이나 건강에 관련된 질문을 하는 '진지한' 회원이었지요. 질문의 깊이나 경청하는 태도, 이어지는 다음 질문의 수준도 비범해서 어느 대학의 최연소 교수라고 해도 누구나 믿을 법한 분위기였습니다. 하지만

그녀가 직접 작성한 고객 정보 파일의 직업란에는 '전업주부'라고만 되어 있어서 좀 의아하게 느껴졌지요. 초롱초롱 반짝이는 눈망울과 대조되는, 보풀이 잔뜩 난 해진 옷차림, 뿌리염색을 1년쯤 하지 않은 듯한 푸석한 머리카락도 궁금증을 더욱 증폭시켰습니다.

좀처럼 말을 걸기 어려울 만큼 리액션이 없던 D는 레슨을 시작한 지 6개월쯤 지나자 서서히 말을 건넸고, 이제는 레슨을 마치면 으레 옆으로 다가와 이런저런 질문을 던지는 정도로 변화한 상태였습니다. 그만큼의 변화도 너무나 감사하고 무척 다행이라고 생각하고 있던 참이었지요. 평소에 D가 하는 질문은 주로 필라테스 동작이나 역사, 인체의 구조, 식단에 관한 것이었습니다. 그러던 그녀가 하루는 뜻밖의 이야기를 꺼냈습니다.

"선생님, 다른 분들과 무척 친해 보이시던데. 저에 대해서도 궁금하시죠? 제가 그동안 제 이야기를 전혀 하지 않아서……."

운동을 마친 뒤 기구를 닦으려 물티슈를 꺼내고 있던 저는 너무 놀라 하마터면 손에 들고 있던 물티슈 케이스를 놓칠 뻔했습니다.

"맞아요, D 님. D 님의 이야기를 해주시면, 몸을 회복시

켜드리는 데 큰 도움이 될 거예요! 마침 다음 수업이 공강이라……, 잠시 이쪽에서 이야기 나눌까요?"

"네……, 선생님. 짐작하셨을 수도 있겠지만, 저는 우울증 환자예요."

싱긋 미소 지으며 꺼낸 그녀의 한마디에 저는 허둥허둥 앉을 자리를 안내하고는 따끈한 차를 내오겠다며 서둘러 일어섰습니다. 탕비실 귀퉁이에 서서 운동 재킷의 앞섶을 여미며 놀라고 걱정스러운 마음을 다잡았지요. 내가 저 회원을 도울 수 있다면 좋겠다고 생각하면서요.

D는 국내 1, 2위를 다투는 대기업에 다니는 잘나가는 개발자였다고 했습니다. 명문 대학 출신으로, 졸업과 동시에 여러 대기업 공채에 합격했고, 그중에서 가장 전망이 밝아 보이는 지금의 회사를 골랐지요. 신입 사원 오리엔테이션 때 합숙을 하며 처음 만났던 동기와 사내 커플이 되었고, 1년 뒤에는 결혼까지 골인했고요.

"그때까지만 해도 평생 이 회사에 다닐 줄 알았어요."

깊은 한숨을 내뱉으며 D가 말을 이었습니다. 그녀가 임신 사실을 알게 되었을 당시, 회사는 전 세계를 상대로 무대를 넓히고 있었고, '미칠 듯한 야근'이 끊임없이 계속되었습니다. 밤 열두 시에 퇴근해서 새벽 여섯 시에 출근하는 날이 끝도 없이 이어졌지요. 결국 그녀는 출산 일주일 전까지 격무에 시달렸고, 아기를 낳고서도 석 달 만에 다시 업무에 복귀해야만 했습니다.

"아무도 강요하지 않았지만, 더 길게 쉬면 제 자리가 사라질 것 같았어요."

그렇게 그녀는 아기가 두 돌이 될 때까지 버티고 또 버텼습니다. 아기를 키우는 것은 베이비시터가, 집안일은 가사도우미가 대신해주었고, 그래서인지 그녀는 자신이 집에서 잠만 자고 나가는 하숙생처럼 느껴졌습니다. 아기가 첫걸음마를 하는 순간에도, 처음으로 '엄마'를 부르는 순간에도, 그녀는 회사에 있었습니다. 그녀가 기억하는 그 시절의 아기는 어린이집 선생님이 찍어준 동영상 속 얼굴, 그리고 퇴근 후 살짝 들어가서 본 잠들어 있는 모습이 전부였죠.

그렇게 아이의 두 돌 생일파티를 하고 얼마 지나지 않았을 때, 몸에 이상이 나타나기 시작했습니다.

"어느 순간부터 잠이 오지 않았어요. 아무리 피곤해도요. 밤을 꼬박 새우고 출근하니까 정말 힘들더라고요. 회사 다니는 게 지옥 같고……. 뭘 해도 즐거운 게 없고, 그냥 사는 것 자체가 무의미하게 느껴졌어요. 기분도 늘 다운 되어 있었고요."

　도저히 견딜 수 없어진 그녀는 회사 내에 있는 심리상
담소를 방문해 검사를 받았습니다. 검사지를 살펴본 상담
사의 얼굴은 이내 어두워졌고, 당장 배우자를 데리고 오
라고 했지요. 무슨 일인지 물어도 배우자와 함께 오면 그
때 이야기하겠다며 완강한 태도를 보이기에, 며칠 뒤 같
은 회사에서 근무 중인 남편을 데리고 다시 상담소를 찾
았습니다.

　"우울이 매우 심각한 단계입니다. 아내분이 지금 당장
극단적인 선택을 하신다고 해도 전혀 이상하지 않을 만큼
높은 점수가 나왔어요. 이건 응급 상황입니다. 당장 조치
를 취하셔야 해요."

　살다 보면 자신의 의지로 어쩔 수 없는 상황이 닥치곤
하죠. 그길로 D는 휴직서를 접수했고, 그렇게 지난 6개월
동안 멍하니 쉬는 시간을 가졌습니다.

　"처음에는 진짜 짐승처럼 먹고 자기만 했어요. 그러다
가 의사 선생님이 운동은 꼭 해야 한다고 해서 필라테스
를 시작했던 거고요."

　앞으로 6개월 뒤면 회사에 복직해야 하는데, 그때까지
건강해질 수 있을지 자신이 없다며 그녀는 또다시 깊은

한숨을 내쉬었습니다. 저는 지난날 두려움과 걱정으로 수없이 무너져 내렸을 그녀의 어깨를 토닥이며 용기를 불어넣으려 노력했습니다.

"지금처럼 병원만 잘 다니세요. 신체적인 건강은 제가 책임질게요!"

그날 이후 저는 바짝 말라버린 화분 속 식물을 살려내려는 심정으로 더욱 성심성의껏 레슨을 했습니다. 화분이 얼마나 오랫동안 방치되어 있었는지 흙은 콘크리트처럼 딱딱하게 굳어 있었고, 식물도 생명력을 잃은 채 축 늘어져 있는 것만 같았죠. 식물을 되살리기 위해서는 매일 일정 시간 햇볕을 쪼이고, 적당량의 물을 주고, 온도와 습도를 조절해주고, 한쪽에 영양제도 꽂아놓고, 가끔 좋은 음악도 들려주잖아요. 그런 마음으로 D에게 다방면으로 도움을 주려고 노력했습니다. 운동은 물론이고 식사와 수면, 활동량과 기분을 수시로 체크하면서 그녀가 자기 몸 상태를 알아차리고 스스로 돌볼 수 있도록 격려했습니다.

레슨 시간에 사용하는 언어에도 각별히 신경을 썼습니다. "잘하셨어요, 그만하면 된 거예요." "일단 해봤다는 게 중요한 거죠." "최선을 다했다면 그걸로 백점이에요." 그렇게 수십 수백 번 말할 때 사실 제 마음속에서는 '지금의 그녀'가 아닌 '그동안의 그녀'가 있었습니다. D에게 "그동안 정말 수고했어요"라고 말해주고 싶었거든요. 지나치게 열심히 살다가 극심한 번아웃을 겪은 그녀에게서 지난날 저의 아픔도 보이는 듯했습니다. 제가 D에게 건넨 그 모든 말은 그녀를 위로하는 말임과 동시에 제가 저를 위로하는 말이었던 셈이죠.

D는 이제 겨우 갓 서른을 넘긴 청춘이었고, 남편의 헌신과 양가 부모님의 기도, 그리고 주책맞은 운동 강사의 지극정성 속에 날이 갈수록 생기를 회복해갔습니다. 처음 투병 사실을 털어놓은 때로부터 어느덧 반년 정도가 지나, 그녀는 복직을 눈앞에 두었습니다. 그날도 레슨을 마치고 뒷정리를 하며 이런저런 이야기를 나누는데, D가 오랜만에 다시 심각한 표정이 되었죠.

"선생님, 여쭤볼 게 있는데요. 그동안 직업을 여러 번 바꾸셨고, 대기업도 두 번이나 그만두셨잖아요. 혹시⋯⋯ 후회하신 적은 없나요?"

고민의 농도와 다르게 양손을 가슴 앞에 모으고 잔뜩 긴장한 그녀의 모습이 너무 귀여워 저는 그만 웃음이 터졌습니다.

"하하하. 단 한 번도 없어요. 좋은 경험이었다고 생각하죠. 자리를 박차고 떠났기 때문에 정말로 제가 원하고 잘할 수 있는 일을 찾은 건데, 후회라니요!"

유쾌한 제 답변에 D의 얼굴에도 안도감이 스미는 것 같았습니다.

"사실 저…… 그냥 복직하지 말고 퇴사를 할까 고민 중이에요. 솔직히 지금 회사는 부모님이 너무 원하셔서 갔던 거고, 일하면서 보람을 느끼거나 즐거웠던 적은 한 번도 없거든요. 쉬면서 생각해보니까 앞으로 20년 넘게 이 일을 하면서 살고 싶진 않더라고요, 진심으로요. 사실은 제가 오래전부터 하고 싶은 일이 있었어요. 근데 그게 돈이 안 될 수도 있어서 혼자 생각만 해왔던 건데……. 최근에 남편이 제 꿈에 관해 듣더니, 전폭적으로 지원해줄 테니까 한번 도전해보라고, 당신이라면 잘할 것 같다고 해줘서, 진지하게 고민해보는 중이에요."

연한 갈색빛을 띠어서 마치 주황색처럼 보이기도 하는 D의 눈이 평소보다 더욱 반짝였습니다.

"아직 정신과 약을 먹고 있긴 하지만, 체력이 좋아져서인지 이제는 못 할 게 없겠다 싶긴 하거든요? 저…… 할 수 있을까요, 선생님?"

그때의 제 기분이요? 어제나 한 달 전이나 똑같아 보이던 화분의 식물에 마침내 '짜잔' 하고 새잎이 돋아난 것 같았지요.

D는 숙고 끝에 정말로 회사를 그만두었고, 곧바로 사업자 등록을 하더니, 온라인으로 인테리어 소품을 판매하기 시작했습니다. 마치 모든 게 톱니바퀴가 맞물려 돌아가듯 일사천리로 착착 진행되더라고요. 첫 주문이 들어온지 얼마 지나지 않아 SNS를 개설했는데, 그 역시 얼마 지나지 않아 팔로워 숫자 1만을 돌파했지요. 하루하루가 놀라움의 연속이었습니다. 그렇게나 디자인에 남다른 감각이 있는 그녀가 매일같이 시커먼 컴퓨터 화면을 쳐다보며 코딩만 하고 있었으니, 그동안 얼마나 힘들고 답답했을까 싶어 더욱 짠한 마음이 들었습니다. 처음에는 타 업체에서 물건을 구입해 와 판매하던 방식이었지만 점차 그녀가 원하는 제품을 공장에 직접 주문, 제작하는 시스템까지 갖추었죠. 작고 아늑한 그녀의 방에서 처리하기에는 버거울 정도로 사업 규모는 나날이 커져갔습니다.

눈코 뜰 새 없이 바빠진 그녀는 그 어느 때보다 활기가 넘쳤습니다. 아무리 바빠도 회사 다닐 때보다는 낫다고 저를 안심시키며, 주말에는 그 누구의 눈치도 보지 않고 모든 업무를 멈춘 채 가족들과 함께할 수 있는 지금의 삶이 그 어느 때보다도 행복하다고 했습니다.

또다시 계절이 바뀌어 찬 바람이 불기 시작하던 어느 날, D가 양손 가득 쇼핑백을 들고 센터에 들어섰습니다.

"선생님, 제가 생강청 좀 만들어봤어요!"

D가 해맑게 웃으며 건넨 쇼핑백 안에는 그녀의 진심이 가득 담긴 손편지도 함께 들어 있었습니다. 귀여운 곰돌이 스티커를 조심히 뜯어내자, 한 자 한 자 꾹꾹 눌러쓴 그녀의 이야기가 와락 쏟아져 나왔습니다.

'처음 운동을 시작했을 땐, 끝이 보이지 않는 터널 속을 혼자 걷고 있는 기분이었어요. 너무 고통스러운데 이 고통이 도무지 끝나지 않을 것만 같아서, 그냥 이대로 생을 마감하고 싶다는 생각이 들 정도였죠. 그런데 선생님 말씀대로 약 잘 먹고, 밥 잘 챙겨 먹고, 잘 자고, 잘 쉬면서 저를 돌보다 보니 조금씩 터널의 끝이 보이는 것 같더라고요. 운동을 하면서 몸이 강해지다 보니 서서히 마음도 강해진 게 아닌가 싶어요.

예전에는 살을 빼기 위해서나 근육을 만들기 위해서 운동을 해야 하는 건 줄 알았거든요. 그런데 제가 해보니까 진짜 이유는 그게 아니었어요. 내가 원하는 대로 살아가기 위해서 해야 하는 것이더라고요. 한마디로 내 인생을 잘 살기 위해서 해야 하는 거였어요.

저는 앞으로도 선생님한테 배운 대로 제 몸을 스스로 아끼고 돌보면서 살아갈 거예요. 아이 낳느라 늘어진 제 뱃살도 예뻐해줄 거고, 너무 무리했다 싶으면 다 내려놓고 과감히 쉴 거예요. 항상 저 자신부터 진정한 제 편이 되어 응원해줄 거예요. 이런 게 진짜 관리 아니겠어요? 피부과 다니고 마사지 받는 그런 관리보다 훨씬 더 퀄리티 높은 관리요.'

유쾌한 그녀의 글을 읽는 제 입가에 미소가 절로 지어졌습니다. 편지의 끝부분을 마저 읽으려는데, 내내 앞에 서 있던 D가 도저히 말하지 않고는 못 배기겠다는 듯 저를 향해 나지막하게 외쳤습니다.

"선생님, 있잖아요. 저 오늘 상가 계약했어요! 이번에도 저…… 잘할 수 있겠죠?"

제가 달리 할 말이 있을까요. 이제는 더할 나위 없이 잘 자란 식물을 바라보며 한껏 응원하는 마음으로 말없이 그녀를 안아주었지요.

# 이것은 우리 모두의 이야기

첫 시작은 '거울치료'였습니다. 막무가내로 살을 빼겠다는 회원의 생각을 바꿔보기 위해 어렵사리 저의 이십대 이야기를 꺼냈던 것이 시발점이 되었습니다. 그 어떤 과학적 근거에도 눈 하나 깜짝하지 않던 사람이, 제가 들려주는 '실화'에는 어느새 자세를 고쳐 앉고 귀를 쫑긋 세우더라고요. 그리고 그 이야기 속에서 자신의 모습을 발견한 듯, "운동 목표에 대해 다시 생각해봐야겠어요"라며 순순히 태도를 바꾸었죠. 그 드라마틱한 효과(?)에 놀란 저는 이후로도 몸에 대한 부정적 보디 이미지를 지닌 채 지나친 다이어트에 몰두하는 이들에게 종종 저의 경험에 대해 들려주곤 했습니다. 자신의 강박을 알아차리고, 매체를 통해 끊임없이 주입되는 '넌 충분하지 않아' 메시지를 분별할 수 있게 된 이들은 체성분 검사기의 다소 허술한 측정 원리나 결코 피부로 가지 않는 콜라겐과 같은 이야기에도 매우 흥미로워했지요. 55 사이즈가 다름 아닌 155센티미터에 가슴둘레 85센티미터인 여성을 뜻하는 거라고 말해주면 다들 놀란 토끼눈을 했습니다. '내가 원한 건 그런 몸이 아니야'라고 말하는 것 같았죠.

솔직히 말하자면 필라테스는 그저 도구에 불과한 것 같습니다. 사람을 돕는 도구요. 예나 지금이나 저는 늘 사람에게 관심이 많았습니다. 처음에는 몸이 아픈 사람들에게 관심이 많아 간호사가 되었고, 마음이 아픈 사람들을 더 잘 이해하고 싶어 상담학도 추가로 전공했죠. 여행하는 사람들과 해외에 있는 사람들에게 관심이 생겨 승무원이 되기도 했고, 이제는 운동센터에서 건강을 회복하려고 노력하는 사람들을 만나고 있고요. 과거에는 보건복지부가 발급해주는 간호사 면허나 항공사 승무원이라는 타이틀이 도구였다면, 이제는 필라테스라는 도구를 통해 사람들을 만나고, 연결되고, 그들을 돕고 치유하면서 저의 삶을 꾸려가고 있습니다.

많은 이들과 연결되면서 그들이 가진 몸에 대한 고민과 상처, 아픔의 흔적들을 함께 보듬었고, 때로 그것이 고통스러울 만큼 생생히 제 안에서 재경험되기도 했습니다. 그런 순간마다 떠올린 것은 '이것이 한 사람의 이야기가 아니다'라는 사실이었습니다. 폐부 깊숙이 남아 오래 고통을 안기는 독설에는 어딘가 비슷한 구석이 많았고, 가장 큰 상처를 남기고도 '혈연'이라는 이름으로 꼼짝없이 당하고만 있게 만드는 이들은 늘 가족이더라고요. 생화학 무기만큼이나 독한 말들이 만들어내는 잔인한 순간이 수십 년간 쌓이고 쌓여 어느 틈에 자기 자신에게 혼잣말로 폭언을 중얼거리고 있는 수많은 '그녀'들을 만나게 된 것은, 필라테스 강사의 숙명이 아닐까, 홀로 곱씹곤 했습니다.

　'이것이 한 사람의 이야기가 아니다'라는 사실은 그녀들에게 큰 위안이 되는 듯했습니다. 그녀들은 저의 스토리에 함께 울고 웃었고, 자신과 비슷한 이들이 많다는 사실에 놀라워했습니다. 심지어 지금 이 순간 우울증이나 섭식 장애 등으로 고통받고 있는 누군가가 있다면 자신의 이야기를 들려주어도 좋다며 선선히 허락(?)해주는 이도 있었죠. 그럼에도 불구하고 상담의 윤리적 측면에 따라, 3부에 등장하는 이야기는 모두 여러 케이스를 조금씩 각색한 것

임을 밝혀둡니다. 그러므로 더욱 이것이 '누군가'의 이야기가 아닌, '우리 모두'의 이야기로 읽히기를 바랍니다.

제 바람이 있다면, 아이 낳은 엄마들의 몸에 대해 사회의 시선이 좀 더 현실적으로, 그러면서도 따뜻하게 바뀌었으면 하는 것입니다. 출산 전에 비해 체지방률이 증가하고, 가슴과 뱃살이 처지고, 머리칼과 피부결이 푸석해지는 것은 지극히 당연한 현상이지 극복해야 할 대상이 아니라고 여겼으면 해요. 오히려 새로운 생명을 탄생시키느라 얻게 된 훈장 같은 것으로 받아들인다면, 그리하여 출산 전의 몸보다 훨씬 멋지고 아름다운 몸으로 추앙받기까지 하면 얼마나 좋을까, 하고 혼자서 상상의 나래를 펼쳐봅니다. 가뜩이나 얻는 것과 잃는 것을 계산하여 아이 낳기를 꺼리는 이 시대에 이렇게라도 응원의 목소리를 보태고 싶어지기도 합니다. 출산 후에 몸매가 '망가지는 것'이 아니라 역할에 맞게 '변하는 것'일 뿐이라고, 나는 소중한 아이를 낳으며 얻은 나의 슬라임 뱃살이 꽤 사랑스럽고 무척 자랑스럽다고 말이에요.